供销合作社
农村金融读本

中华全国供销合作总社金融服务部　编著

中国商业出版社

图书在版编目（CIP）数据

供销合作社农村金融读本 / 中华全国供销合作总社金融服务部编著 .—北京：中国商业出版社，2019.9

ISBN 978-7-5208-0924-5

Ⅰ. ①供…　Ⅱ. ①中…　Ⅲ. ①供销合作社-研究-中国　Ⅳ. ①F721. 2

中国版本图书馆 CIP 数据核字（2019）第 220495 号

责任编辑：管明林

中国商业出版社出版发行

010-63180647　www. c-cbook. com

（100053　北京广安门内报国寺 1 号）

新 华 书 店 经 销

北京市京东印刷厂印刷

*　*　*

710 毫米×1000 毫米　16 开　14 印张　213 千字

2019 年 9 月第 1 版　2019 年 9 月第 1 次印刷

定价：49. 00 元

*　*　*　*

（如有印装质量问题可更换）

序 言

金融是现代经济的核心，农村金融对乡村振兴具有重要的支撑和助推作用。在商业金融广泛发展的今天，农村金融仍然是世界性的难题，农村金融供给不足仍是各国面临的“痛点”，小农和小微企业融资难、融资贵仍是大银行解决不了的“小问题”。2005年，联合国基于“信贷权也是人权”的理念，提出了普惠金融的概念，就是用可负担的成本为有金融服务需求的群体提供适当、有效的金融服务，农村金融归属于普惠金融的范围。

当前，我国农业正处于由传统农业向现代农业转型的关键阶段，如何做好农村金融，激发活力，增加农村金融供给，解决小农和小微企业融资难、融资贵问题，是解决好“三农”问题的关键所在。党中央、国务院高度重视农村金融工作，出台了一系列政策措施推动农村金融发展。2015年，国务院印发《推进普惠金融发展规划（2016—2020年）》，从机构体系建立、产品和服务手段创新、基础设施、法律法规体系建设等方面推进普惠金融发展；2018年中央一号文件指出，要提高金融服务水平，健全适合农业农村特点的农村金融体系，推动农村金融机构回归本源，把更多金融资源配置到农村经济社会发展的重点领域和薄弱环节，更好地满足乡村振兴多样化的金融需求；2018年9月，中央印发《乡村振兴战略规划（2018-2022）》，从健全金融支农组织体系、创新金融支农产品和完善金融支农激励政策三个方面提出了农村金融发展的框架规划；2019年，人民银行等五部委联合印发《关于金融服务乡村振兴的指导意见》，对标实施乡村振兴战略的三个阶段性目标，进一步明确了相应阶段内金融服务乡村振兴的目标。

2015年，《中共中央国务院关于深化供销合作社综合改革的决定》（中发〔2015〕11号）要求供销合作社稳步开展合作金融服务，这是基于农业农村经济社会发展需要和供销合作社自身发展实际做出的重大决策。供销合作社长期扎根农村，渠道健全，网络完善，是为农服务的合作经济组织，是党和政府做好“三农”工作的重要载体。通过开展合作金融服务，一方面，能够有效解决信息不对称的问题，降低交易成本和风险，弥补商业金融在农村领域的缺失，有利于农村资金回归本源，更好满足乡村振兴多样化金融需求，促进农业现代化和乡村振兴；另一方面，能够帮助供销合作社完善“生产、供销、信用”三位一体综合合作体系，延伸服务产业链条，增强对“三农”客户的吸引力，助推主营业务发展，进一步提升服务能力和经营实力。

近年来，供销合作社凭借自身的政策体制优势、制度兼容优势、组织体系优势、信息对称优势、传统品牌优势和产业链整合优势，在合作金融以及融资担保、小额贷款、供应链金融、合作发展基金、合作保险等领域进行了有益的探索实践，在打通金融惠农“最后一公里”，助推农业农村经济发展、农民增收致富、精准脱贫等方面发挥了积极作用。坦率地讲，供销合作社金融服务还面临着功能整体薄弱，发展不平衡、不规范，专业人才较为缺乏等问题。如何加强指导监督，促进规范、有序运行，防范化解风险隐患，是需要认真面对解决的问题。为进一步普及农村金融理论、业务知识以及相关政策，通过典型引路促进系统金融服务依法合规发展，总社金融服务部与供销合作经济学会组织相关专家学者编写了《供销合作社农村金融读本》，相信对促进系统金融知识的普及和金融服务的规范发展具有积极意义。

工欲善其事，必先利其器。供销合作社系统在发展农村金融的过程中，应注重相关政策理论和业务的学习，按照国家相关政策和监管要求，不忘为农服务的初心使命，严守不发生系统性风险的底线，坚持守正创新、稳中求进，在服务乡村振兴中作出新的更大贡献。

2019 年 8 月 21 日

目　录

第一篇　农村金融基础知识

附 录

第一篇

农村金融基础知识

第一章　农村金融概述

农村金融是农村经济的核心。改革开放以来尤其是近年来，国家高度重视农村金融发展，通过健全农村金融机构、创新农村金融产品等多种方式，不断强化农村金融供给，为推动农村经济社会发展提供了强有力的支撑。但总体来看，农村“融资难、融资贵”的问题一直没有得到有效的解决，制约着农村经济发展，与实现乡村振兴的战略的目标不相适应。为什么会出现这样的问题？解决问题的途径是什么？供销合作社作为为农服务的合作经济组织，在其中又该发挥什么样的作用？回答上述问题，首先应该了解农村金融的概念、内涵和基本理论，在此基础上结合实际探寻供销合作社农村金融服务之路。

一、农村金融的概念及内涵

（一）金融的基本概念

金融是货币资金融通的总称。主要指与货币流通和银行信用相关的各种活动。主要内容包括：货币的发行、投放、流通和回笼；各种存款的吸收和提取；各项贷款的发放和收回；银行会计、出纳、转账、结算、保险、投资、信托、租赁、汇兑、贴现、抵押、证券买卖以及国际间的贸易和非贸易的结算、黄金白银买卖、输出、输入等①。

---

① 何盛明．财经大辞典．北京：中国财政经济出版社，1990.

金融是一种交易活动，本质是价值流通，就是通过资产权益的交换，实现资金的流动和融通。早在古典经济学时期，金融中介的作用就已经受到关注，此后人们对于金融在经济体系中作用的认识，随时代发展而经历了巨大的变化。从金融业务和理论发展的历史角度，可以用三个不同的比喻来勾勒其线条。一是“搬运工”阶段。亚当·斯密、约翰·穆勒等早期古典经济学家提出的“信用媒介论”认为，金融业是货币流通得以实现的中介，其职能就相当于是钱的“搬运工”，信用只能实现转移，却不能生产价值。这种金融中介观点与当时金融业的活动是一致的。在当时，金融业主要为跨境贸易提供汇款、票据和代理支付的支持服务。金融机构虽然从事信贷业务，但是信贷业务普遍被认为只是把钱从贷方搬到了借方而已。这种观点虽然承认合理的资本转移将会提高生产效率，但是并没有认识到金融机构将负债转化成资产会带来价值的增加。二是“助推器”阶段。工业革命之后，资本与技术结合逐渐迸发出巨大的能量。无论是技术转换为生产，还是生产规模的扩大，都需要持续的资本支持。因此，金融机构不再是简单的“搬运工”，而成为社会生产和实体经济发展的“助推器”。此时，商业银行成为金融业的主体，而以信贷为主的资产业务是其核心业务，其作用不仅限于把钱从一方搬到另一方，而是通过“信用创造”助推社会生产和资本累积。三是“创造者”阶段。进入20世纪下半叶后，经济发展模式再次发生变化。一方面，多数发达国家的市场体系已经成熟，以扩大生产为驱动的增长模式宣告终结；另一方面，信息流转速度不断加快，全球化的脚步也对经济活动效率提出了更高的要求。在这样的背景下，金融业不再满足于仅仅充当通过信贷投放推动经济发展的角色，而更加主动参与乃至构造经济活动的链条。进入这一阶段后，金融创新蓬勃发展，金融机构的中介作用由被动转为主动，通过扩大资金规模、增加金融产品流动性和提高信用服务水平等手段，以价值创造者的身份施展中介职能①。

一般来讲，金融的构成要素有五点，一是金融对象：货币（资金）。二是金融方式：以借贷为主的信用方式为代表，包括直接融资和间接融资。金融

① 肖远企．金融的本质和未来．金融监管研究，2018（5）

市场上交易的对象，一般是信用关系的书面证明、债权债务的契约文书等。三是金融机构：通常区分为银行和非银行金融机构。四是金融场所：即金融市场，包括资本市场、货币市场、外汇市场、保险市场、衍生性金融工具市场等。五是制度和调控机制：对金融活动进行监督和调控等。

根据监管主体不同可以将金融分为金融业务和类金融业务。中国金融监管体系主要由一行两会（中国人民银行、银保监会①和证监会②）和地方金融监督管理局构成，两者在管理权限、管理区域和监管对象上有所区别。金融业务一般指银保监会和证监会监管的业务，类金融业务包括中国人民银行的支付业务和地方金融监督管理局所监管的业务。

根据各自公布的“三定方案”，中国人民银行主要负责债券市场、货币市场、外汇市场、票据市场、黄金市场及上述市场有关场外衍生产品和支付领域的监管。银保监会主要监管银行、保险、金融资产管理公司、企业集团财务公司、金融租赁公司、汽车金融公司、消费金融公司、货币经纪公司等金融机构。证监会主要管理证券、信托、基金、期货公司等金融机构。地方金融监督管理局主要监管（监管规则由银保监会制定）小额贷款公司、融资担保公司、区域性股权市场、典当行、融资租赁公司、商业保理公司、地方资产管理公司、辖内投资公司、信用互助的农民专业合作社（含资金互助合作社）等机构。

（二）农村金融的概念及特征

1. 农村金融的概念

虽然农村金融在我国历史悠久，但“农村金融”作为一个概念被广泛运用，则是党的十一届三中全会以后的事。长期以来，在“金融，即货币资金的融通”的主流金融观基础上，“农村金融”的内涵似乎只要给“金融”冠以“农村”就能自然地被定义出来。事实上，我国既有“农村金融”的概念就是这样生成的，即“农村金融就是农村的金融”，看似简单明了，实际却掩盖了农村金融的自身特性，使之失去了作为独立范畴存在的逻辑基础。随着技术的进步，大量在农村地区没有网点的商业银行和互联网金融企业，通过

---

① 即中国银行保险监督管理委员会，一般简称为银保监会。

② 即中国证券监督管理委员会，一般简称为证监会。

信息技术，打破城市和农村的物理隔离，开始向“三农”领域提供了大量的资金融通服务，虽然他们不在农村地区，但是也属于农村金融的组成部门。

2004 年，何广文、李莉莉在《从系统论视角看农村金融改革》一文中从系统论的角度对农村金融进行界定，将宏观经济看作一个系统，农村经济则是宏观经济系统中的一个子系统，而农村金融可以看作农村经济系统的一个子系统。农村金融作为一个独立的系统，是由若干要素组成的有机体，包括宏观层次的金融监管系统、中观层次的金融机构系统以及微观层次的金融需求主体系统构成。农村金融系统具有整体性、相关性，农村金融系统各部分不是简单的组合，各部分的特性和行为互相制约、相互作用和相互依赖。

2. 农村金融的基本特性

发达国家城乡一体化基本完成，农村金融与城市金融的差异性并不是很大，理论界更多是对后发国家在经济发展和经济追赶过程中的经济、金融政策和农村金融发展进行研究。1954 年，英国经济学家刘易斯在其论文《无限劳动供给下的经济发展》中具体研究了二元经济理论：后发国家经济由相对现代化的工业和技术落后的传统农业两个不同性质的经济部门所组成，在农业发展还比较落后的情况下，后发国家可以超前进行工业化，优先建立现代工业部门。但是后发国家最大的问题是缺乏资金，短期内如何动员筹集大规模资金来支持工业发展，这就必须有一种针对金融体系的优先控制机制，也就是通常说的“金融抑制”战略。

为工业发展而采取金融抑制的后发国家，其金融具有以下特点：一是严格的利率管控措施和“信贷配给”，较低的存款利率使得银行可以以非常低廉的成本从储蓄者手中获得稀缺的资金，达到低成本筹集资金以供应工业部门的目的。同时，较低的利率水平刺激了工业部门旺盛的投资需求，导致投资需求严重超过了资金的供给数量，因此国家在有限的资金约束下就必然采取“信贷配给”政策，由国家作为资源配置的主体对资金按照国家总体的发展战略进行分配，解决市场供求的矛盾。二是对外汇进行管控，为了在国际贸易中以较少的本国资金获得更多的国外设备，汇率被人为地降低，并形成官方的近似固定的汇率体系。三是银行成为主要的融资通道，大规模筹集资金并使资金按照国家发展战略流动，必然会削弱金融市场的自发作用，大部分后发国家承担直接融资功能的证券市场受到抑制，这是因为直接融资市场的资金流向难以用政府管制的方法来控制，因此，银行成为政府行为的延伸，保证按照政府意愿来配置资金。四是非正规金融广泛存在，由于存在严格的金融抑制，低水平的利率不利于动员居民的储蓄，严格的资金流向管控也不能有效满足其他资金需求者的信贷需求，从而导致非正规金融机构大行其道。

后发国家通过严格的金融管制来实施追赶策略，农村金融在其供给与需求上具有鲜明的特点，从我国农村金融的实际情况来看：

一是农村金融具有双重二元结构。新中国成立后，国家采取优先发展工业的战略，通过资源全面的倾斜，建立起了较为完整的工业体系。在这一过程中，我国农村金融逐步形成了双重二元金融结构。王曙光认为，第一重二元对立结构是指城市和农村金融体系的二元对立，相比城市金融体系而言，农村金融体系发展非常滞后，农村信贷供给和农民信贷可及性低，农村金融剩余向城市净流出；第二重二元对立结构是农村金融体系中正规金融体系和非正规金融体系的二元对立，农村正规金融体系受到国家政策和法律的保护，但其对农村金融需求的满足度低，金融服务的效率不足，而农村非正规金融体系虽然在满足农村信贷需求中起到重要作用，却难以获得国家的合法保护，使得非正规金融体系的融资成本提高，并在一定程度上积累了金融风险。

二是农村金融系统性负投资现象显著。城市金融和农村金融存在对立，使得农村金融出现了系统性负投资现象，即金融机构从农村地区吸收大量储蓄，但没有向该地区发放一定比例贷款。系统性负投资主要体现在农村存贷比，农村地区贷款比例比较低，存款比例相对高，一些县级县以下的金融机构存贷比过低，有的甚至成为上级行存款银行，造成农村严重失血、贫血。2018 年，全国银行业金融机构涉农贷款（不含票据融资）余额 33 万亿元，同比增长 5.6%，低于同期全社会贷款余额增速 7.9 个百分点。其中，邮政储蓄银行存贷比仅 49.57%，农行为 68.8%，其他四大行存贷比为 77.3%～84.8%。显然，农行、邮政储蓄银行作为农村区域最重要的银行机构，在农村吸收存款却没有发放相应比例贷款。

三是农村金融的需求具有时空上的分散性。农业生产受自然条件的影响十分显著。农村资金需求和农业生产具有同步性，资金需求具有“短、频、快”的典型特征。虽然新型农业经营主体不断涌现，但我国农业仍以小农生产为主，截至2016年底，经营规模在50亩以下的农户近2.6亿，占农户总数的97%左右，经营耕地面积占全国耕地总面积的82%左右，这就决定了农村资金的需求在地理分布上极为分散，并且单笔需求规模较小。

四是农村金融需求主体的可抵押品少，交易成本高。无论是广大的农户，还是数量众多的农村个体工商户、中小微型企业以及农村基础设施建设项目，缺少抵押担保物是制约其获得贷款的最大“瓶颈”所在。以农户为例，农户对所经营的土地只有经营权没有所有权；农村住房作为农民的基本生活资料，虽然已经开始进行宅基地确权，但目前金融机构认同程度不高；其他生活和生产用品则不具备抵押价值。同时，农村居住分散，金融需求品种较少且量小，导致农村金融网点少、规模小，农户获得借贷不仅有付息成本，还包括交通成本以及其他成本。

（三）普惠金融和合作金融

一般来讲，农村金融属于普惠金融的范畴，合作金融则是农村金融的重要实现形式。

1. 普惠金融

普惠金融这一概念由联合国在2005年提出，是指以可负担的成本为有金融服务需求的社会各阶层和群体提供适当、有效的金融服务，小微企业、农民、城镇低收入人群等弱势群体是其重点服务对象。普惠金融为弱势群体提供了一种与其他客户平等享受金融服务的权利，能够有效的帮助贫困群体脱贫，是构建和谐社会的重要推动力。普惠金融重视消除贫困、实现社会公平，但这并不意味着普惠金融就是面向低收入人群的公益活动。潘光伟认为，普惠金融不是慈善和救助，而是为了帮助受益群体提升造血功能，要坚持商业可持续性原则，坚持市场化和政策扶持相结合，建立健全激励约束机制，确保发展可持续。在发展普惠金融过程中，既要满足更多群体的需求，也要让供给方合理受益。2017年5月3日，李克强总理主持召开国务院常务会议，明确要求大型商业银行设立普惠金融事业部，六大国有商业银行相继成立普惠金融相关事业部。央行发布的金融机构贷款投向统计报告显示，2018年末，人民币普惠金融领域贷款余额13.39万亿元，同比增长13.8%，增速比上年末提高 5.3%；全年增加 1.6 万亿元，同比增加 6958 亿元。

2. 合作金融

合作金融发源于 19 世纪中叶的德国，一般由具有同质资金融通、风险保障和担保需求的农民、农村经济组织和农村小微企业，通过交纳股金、共同出资或订立合同等形式成为社员，组建成具有互助性质的类金融组织，主要包括资金互助合作组织、信用互助组织、合作保险及互助担保组织。按照国际合作社联盟金融协会（ICBA）的定义，合作金融组织应遵循合作制的基本原则：一是客户所有，社员既是所有者也是服务对象，从而实现共同利益，其首要目标是为社员提供相对优质的金融产品和服务；二是社员民主管理，合作金融组织通过社员民主选举理事会，履行其所有者和管理者职能，按照“一人一票”的合作社原则，社员通常享有同等投票权；三是利润分配，由于农村合作金融组织的非逐利性和低风险，通常将部分收益用于准备金，或根据社员使用产品和服务的情况、股金持有情况按比例以分红形式返还社员。

我国的农村合作金融发展经历了长时间的曲折反复。自我国成立第一家农村信用合作社，距今已近百年。长期以来，农村信用合作社在弥补乡村金融服务空白、支持农民生产生活方面发挥了重要作用。但建立监管机制却几经周折，直至 2003 年以后开始组建符合现代企业制度的农村商业银行，才不再具有合作金融属性。

我国也曾尝试发展农村合作基金会这类合作金融组织，但也以失败告终。20 世纪 80 年代后期，人民公社解体后，由于城市受经济萧条影响需求下降导致农业徘徊不前，当时的国家金融体制尚不能适应农村内部资金供给与需求的增长，于是就有了农村合作基金会的普遍发展。许多农村合作基金会在地方政府的干预下，将大笔的资金投向急需资金的乡镇企业。1997 年 11 月，我国开始全面整顿农村合作基金会。1998 年，各地普遍出现挤兑风波，四川、河北等地甚至出现了较大规模的挤兑风波。对此，1999 年 1 月，国务院发文正式宣布全国统一取缔农村合作基金会。

2006 年，根据中央要求，金融监管部门对我国农村合作金融的发展进行了重新规划，银监会于 2007 年初印发了《农村资金互助社管理暂行规定》及《组建审批工作指引》和《示范章程》，逐步放宽农村金融准入门槛，新一轮农村合作金融组织得以孕育发展。但由于我国农民合作社发展起步较晚，农村合作金融尚处于摸索阶段，加上相关法律缺失、监管缺位，目前农村合作金融既存在内部不规范的问题，也存在外部环境制约的问题。

二、农村金融在农村经济社会发展中的重要作用

资金作为市场经济中的重要资源之一，其配置效率直接关系到一个国家和地区的经济增长的速度。在农村经济领域，由于其经济主体资金存量的有限性和信息不充分等原因，资金的有效动员和合理配置显得尤其重要。一个良好的农村金融体系，可以较好地动员农村地区的储蓄，满足农户或者农村企业的融资需求，对农村经济发展和农业转型起到促进作用，具体而言：

一是农村金融能够为农村经济社会发展提供资金支持。“乡村振兴”战略的实施离不开金融的支持，如何激活农村地区经济内在活力，以农村资金支持农村产业发展，离不开农村金融体系的建设和完善。农村金融机构在这个过程中可以发挥相应作用：第一，减少农村储蓄者与农村资金需求者之间的信息不对称，降低资金双方交易成本。第二，解决农村储蓄者与农村投资者的资金供给与需求在时间结构上的非对称性矛盾。通过金融机构这一中介，资金供求双方贷存意愿得以实现，为农村经济社会发展提供更多资金支持。

二是农村金融能提高资源配置的效率。金融机构和金融中介能够发挥自身专业能力调配资金，起到资金融通作用，对于资金闲置的企业和农户，可以将资金存入金融机构，对于有资金需求的农村地区的企业和农户，可以从金融机构获得资金。资产所有者会把闲散资金和投资收益率低于市场利率水平的投资资金存入金融机构从而持有收益较高金融资产；相反，收益率高于市场利率的资金需求者的资金需求将会得到满足。金融机构和金融中介使整个农村社会资金配置效率大大提高。

三是农村金融推动农业技术进步。农村金融发展可以通过向农村经济主体提供金融支持，包括发放信贷资金甚至直接投资，大力加速农村中间产品技术创新，进而促进农业技术创新，实现农村经济发展。同时，金融部门对农业投资的增加可以促进农业产业中的知识积累，而知识的积累又反过来进

一步促进农业技术进步，从而形成良性循环。因此，农村金融发展可以有效促进农村经济发展中的资本积累，而资本积累可以促进农业技术创新和农村经济增长。

四是农村金融推动农村人力资本的积累。农村金融部门的发展能够为农村经济发展提供资金，增强农村经济主体的市场竞争力和发展潜力。农村经济主体自身发展也会增加人力资本投入，并逐步提高人力资本生产效率，从而增加农村人力资本积累，为农村经济主体提供高素质人力资源。另外，农村金融的发展离不开对农民金融意识的培养，金融知识的积累同样有助于农村人才素质的提升。

三、农村金融理论演变

国外对于欠发达地区金融发展的理论研究主要有两个方面：一是通过对发达地区金融业发展规律的比较来研究欠发达地区金融发展的基本规律；二是针对欠发达地区金融发展的制约因素开展研究。按照金融发展理论的核心思想，根据政府在农村金融发展中的作用，经济学家相继提出了农业信贷补贴论、农村金融市场论和不完全竞争市场论，这三大理论都对农村金融发展进行了分析论述，并提出了具有代表性的政策主张。

（一）农业信贷补贴论

农业信贷补贴论认为政府应该积极干预农村金融市场发展，通过利率管制来维持农村资金成本低利率水平，主张由政府建立专门机构从外部注入资金。20 世纪 80 年代以前，农村信贷补贴论是主流的农村金融理论，这种理论基础是：农业产业具有天然弱质性，呈现出周期长、风险大、收益低的特点；农村地区由于地广人稀，金融服务成本较高；农民收入相对城市居民较低，基本没有储蓄或者储蓄较少；商业性金融机构在农村地区缺乏相应的分支机构，也不愿意向农村地区发放贷款，反而更多地将农村地区吸收的资金向城市发放；在农村地区只有一些非正规性金融机构从事农村的金融业务，为农村企业和农户提供高利息的贷款。

因此，持有者认为：一方面，政府应该在农村金融发展中扮演积极角色，通过设立专门的政策性农村金融机构，从外部向农村地区注入政策性资金，以满足农村企业和农户的资金需求，这种机构应区别于商业金融机构，不以营利为目的，提供低成本资金甚至无息资金；另一方面，政府可以通过利率管制的方式，限制农村地区利率水平低于城市地区的利率水平，支持农业产业发展的金融机构利率也要低于支持其他产业发展的利率，保证农村企业或农户有机会从金融机构获得资金，抑制高利贷现象，从而积极地投入农业生产中去。

农业信贷补贴论的不足之处在于：一是强调外部资金的注入而不是农村储蓄的动员，没有深入挖掘农村内部的资金储蓄能力。亚洲国家的经验显示，如果增加一些相关的激励和引导措施，即便是贫困户或者低收入农户也是有储蓄倾向和储蓄能力的。二是对于利率的管制违背了市场规律，金融机构的积极性不高，自我可持续性发展能力不强，利率管制压制了农村金融的发展。三是低利率的信贷支持不一定使贫困农户受益，很有可能使得低利率的大笔资金集中到较富裕的农户手中，而真正急需资金的贫困农户却享受不到国家的信贷补贴和低利率优惠。

（二）农村金融市场论

美国经济学家麦金龙和肖提出金融抑制理论，他们认为发展中国家经济落后的原因在于其金融发展受到抑制，这种抑制主要是由于发展中国家的市场经济体制不够健全和完善，直接影响了金融发展的速度和效率，政府的干预不但没有起到促进本国金融发展的效果，反而阻碍了金融体系的自我完善和发展，造成了金融发展的滞后，而金融的滞后又进一步阻碍了经济的发展，形成了金融与经济双重滞后、相互制约的不良局面。发展中国家要想使经济得到发展，就应重视金融对国民经济的影响，发挥金融对经济增长的促进作用，放弃他们所奉行的“金融压制”政策，实行“金融深化”，这也是金融市场理论的思想来源。

20 世纪 80 年代以来，农村金融市场论逐渐兴起，这种理论认为政府要重视市场机制的作用，不应该干预农村金融市场发展，利率水平应该由市场机制决定而不是通过利率管制，政府应该动员、激活农村内部储蓄能力。农村金融市场论是在对农业信贷补贴论批判的基础上产生的，其主要理论基础与农业信贷补贴论完全相反：农村居民以及贫困阶层是有储蓄能力的。对各类发展中国家的农村地区的研究表明，只要提供存款的机会，即使贫困地区的小农户也可以储蓄相当大数量的存款，故没有必要由外部向农村注入资金；低息政策妨碍人们向金融机构存款，抑制了金融发展；运用资金的外部依存度过高，是导致贷款回收率降低的重要因素；由于农村资金拥有较多的机会成本，非正规金融的高利率是理所当然的。

因此，农村金融市场论的倡导者主张农村金融机构改革至少应包括三方面：第一，应当根据农村地区的储蓄实际，鼓励和动员当地农户进行储蓄，这样不仅有利于盘活农村地区的资金，平衡农村地区的资金供求，而且有利于充实农村自有资本，增强农村金融机构的信贷能力。第二，不应人为地对利率进行强行规定，如规定利率的上限，这样会造成负利率现象，抑制金融机构的发展。正确的做法是将利率交由市场，让利率随市场行情的变化自由浮动。第三，政府应当允许农村非正规性金融机构存在，将非正规性金融机构同正规性金融机构连通起来，形成优势互补，共同发展的局面。

20 世纪 90 年代后发展中国家和新兴市场国家爆发了一系列金融动荡和金融危机，这些国家或地区坚持金融市场理论，采取放松管制、经济自由主义和金融自由主义。危机的爆发使人们意识到在农村金融市场论提出的完全依靠市场去推进农村金融机构发展有明显的局限性，完全依靠市场并不能保持金融机构的长期稳定和可持续发展，市场机制并不是无所不能的，在某种情况下也存在着失灵现象。

（三）不完全竞争市场论

这种理论认为政府一定程度的干预有助于弥补市场失灵，应逐步放松利率管制，资金筹集主要依靠农村内部资金，外部资金起补充作用。这种理论的代表人物是诺贝尔经济学奖获得者斯蒂格里茨，其主要研究方向是不完全竞争市场和信息不对称问题，这也是构成农村金融不完全竞争市场理论的基础。这种理论基础是：对于广大发展中国家而言，其农村金融市场是一个不完全竞争市场，贷款方不能掌握借款方的资金需求信息和借款后的偿还能力，借款方也不了解贷款方的资金供给信息，这明显增加了贷款方的信贷风险，金融交易的双方都不知晓对方的完全信息，从而也无法形成一个有效的金融市场。

不完全竞争市场理论进一步提出如何培育和发展农村金融市场的政策建议，主要体现在三个方面：一是在农村金融市场发展的初期，主张适当采取抑制农村金融机构存贷利率，但是要保持利率的非负性和银行等金融机构的基本利润，避免农村储蓄缩水。二是在农村地区出现信贷供求失衡时，尤其是产生过度资金需求时，可以考虑从外部引入资金，此时农业信贷补贴论中有关政府干预的措施是有效果的。三是为减少信息不对称带来的信用风险，可以考虑采取让贷款农户进行互助合作、联合担保的方式，同时可以采取以实物进行担保的方式进行融资，这样不仅可以最大限度地提高贷款的回收率，而且可以扩大农村的融资规模，增加农村的自有资金数量。

我国农业以小农户经营为主体，生产高度分散，各地农业发展条件不均衡，农村征信制度尚未建立起来，信息获取成本高，因此，农村金融市场的信息不对称性远远高于城市金融市场。近年来，正规金融机构在农村地区的网点不断撤并减少，非正规金融机构在农村地区开展业务却缺乏政策的支持，因此，我国农村金融市场是一个典型的不完全竞争市场，需要适度的政府介入。

第二章 我国农村金融现状

一、我国农村金融体制的演变

（一）近代我国农村金融的探索

近代我国农村金融的主要形式是合会，具有合作金融的雏形，西方的观察家曾指出其重要性。比如史密斯（A. H. Smith）在《中国村居生活》（*Village Life in China*）一书中描写19世纪末期的合会："在许许多多流行的互贷办法中，最简单的一种是由该会社的每一位成员付出一笔定额的金钱，轮流交给诸成员中的一位。当会员名单中的最后一位也拿到了其他人所付的款项时，每一位成员也都刚好拿回他们所投入的金钱。这种会社在某些地方叫作'七贤会'。对于所有这一类以互助为特色的结合，有一个专门的名字，叫作'社'。需用金钱的人（'社主'）邀请一些他的朋友帮忙，这些人再邀请他们的朋友参加。当所需要的人数凑足的时候，成员们（'社友'）就聚集起来，讲定大家使用这笔公共基金的顺序。在许多同一类的会社中，资金的使用也包括了利息的支付。在利率固定的会社中，关于会员提取资金的顺序，所要做的只不过是由抽签或掷骰子来决定罢了。……可是，如果照一般的情形，利息公开竞争，则这种竞争可以以一种喊价的方式来举行。每一个人口头声明他所愿意为在一个期限中使用那些本金而支付的数额，喊价最高的人就有优先权，但是没有一个成员有第二次机会。"这个叙述给了我们有关合会运作的一些观念，即社员与"社"的紧密关系，以及他们使用抓阄、叫价的频繁情形。产生于中国古代的这种合作组织，是中国在合作金融领域的早期探索。

中国共产党人很早就关注农村金融。1922 年 11 月，中共湘东区委员会派委员易礼容、毛泽民、唐升超、毛福轩等到安源创办工人消费合作社，当时社员发展至 1.3 万人。据《安源工运史》记载，1922 年 9 月安源工人大罢工胜利后，为筹措所需资金，经工人俱乐部最高代表会议决定，工人消费合作社发行股票以筹措合作社所需资金。到 1923 年初，工人共认购 15600 余股，股金 7845 元，这是中国共产党领导创办的经济实体最早发行的股票。

晋察冀边区是抗日战争时期中国共产党在敌后创建的第一个抗日根据地，而这一地区也是合作事业发展较早的。晋察冀边区的合作社主要分为生产合作、运销合作、消费合作和信用合作四类。1939 年，中国共产党领导下的山西抗日根据地建立了“农民低利借贷所”信用合作组织，在支持农民组织起来解决生产、生活困难，打击高利贷，支援革命战争和巩固革命根据地等方面都起到了积极的作用。抗日战争后期，信用合作社有了较大发展。延安南区合作社从消费合作开始，逐渐发展兼营供销、生产、运输、信用等多种业务。

（二）新中国成立初期农村金融体系的建立

新中国成立后农村信用合作社是我国农村的主要金融机构。在新中国成立前夕，农村信用合作工作就已经被中国共产党正式提上议事日程，毛泽东在党的七届二中全会上指出：“必须组织生产的、消费的和信用的合作社……单有国营经济而没有合作经济，我们就不能领导劳动人民的个体经济逐步地走向集体化，就不能由新民主主义社会发展到社会主义社会……”中国人民政治协商会议第一届全体会议通过的《中国人民政治协商会议共同纲领》进一步明确了发展合作社事业的战略规划：“关于合作社：鼓励和扶助广大劳动人民根据自愿原则发展合作事业，在城镇和乡村中组织供销合作社、消费合作社、信用合作社、生产合作社……”1951 年 5 月，中国人民银行组织召开了第一届全国农村金融工作会议。中国人民银行第一任行长南汉宸在会议上指出：“信用合作是群众性的资金互助的合作组织，主要是组织农民自己的资金，调剂有无，以解决社员生产上和生活上的资金困难，银行给以资金周转及业务上的支持，并可代理银行的一些委托业务，以活跃农村金融，发展农村生产。”紧接着，为了推动信用合作事业的发展，中国人民银行总行颁发了《农村信用合作社章程准则草案》《农村信用互助小组公约草案》和《农村信用合作社试行记账办法草案》。在政策的引导下，农村信用社在短时间内有了快速地发展。1955 年中国人民银行颁发了《农村信用合作社章程（草案）》，对农村信用社的性质和任务从规章制度上进行了更加明确的规定。在中央政府的鼓励和支持下，1954 年到 1956 年，全国信用合作社运动出现了一个高潮，数量超过了 16 万个，入社社员 9500 万人。

应该说，新中国成立初期农村信用合作社是在私人产权基础上发展的合作金融。这时的农村信用合作社是农民自己的资金互助组织，农民以自己的闲散资金入股，坚持民主办社的原则，不以营利为目的，解决农民自己的资金需求问题。这种体制基本适应了当时农村生产生活的实际情况，对当时农村的社队经济发展起到了较好的促进作用。农村社员储蓄占城乡储蓄存款的比重从 1953 年的 0. 8%，上升到 1958 年的 36. 4%。但是，为了配合 1958 年开始的人民公社运动，按照马克思合作经济思想，中央政府推动了信用合作社的升级，由农民自有的合作社变为了集体所有，并很快升级为国家所有的信用合作社，成为国家的金融组织，成为人民银行在农村的基层组织。之后，农村信用社的发展受到了破坏，处于停滞状态，农村社员储蓄占城乡储蓄存款的比重一直下降，1964 年跌破 20%，一直到 1979 年基本保持这一比例。在此期间，农业银行作为农村金融的管理机构曾三次建立，但在计划经济“大一统”的金融体制下，最终没有建立起广泛的分支机构。

（三）改革开放后农村金融的发展

“文革”结束后，国家积极主导进行了一系列的改革。首先从农村信用社着手，恢复和发展农村金融体制。1977 年，中央出台《关于整顿和加强银行工作的几项规定》，在全国范围内开始了农村信用社的改革整顿。1979 年，《关于恢复中国农业银行的通知》发布，中国农业银行恢复成为国务院直属机构，农村信用社的领导机构由人民银行变为中国农业银行。1982 年，恢复农村信用社“三性”的管理体制改革试点启动，从放宽权限、独立管理运营、理顺与人行和农行的关系等方面，开启了农村信用社的“去官办化”历程。

其间，由于受到1985年全国信贷大环境紧缩和1988年全国范围内发生通货膨胀的影响，农村信用社先后两次被收归农业银行领导和管理。1993年，中央出台《关于建立社会主义市场经济体制的决定》，市场经济体制改革拉开帷幕。1994年，国家开发银行和农业发展银行成立，分别开展涉农信贷和政策性金融业务，农村金融体系得到丰富发展。1996年，《关于农村金融体制改革的决定》明确提出，“建立和完善以合作金融为基础，商业性金融、政策性金融分工协作的农村金融体系”，由农村信用社、农业银行、邮政储蓄、国开行、农发行等组成的现代农村金融组织体系基本形成。此后，农村信用社进入合作制改革阶段，逐步与农业银行脱钩，改由人民银行监督；实行增资扩股，吸纳农户，恢复合作制属性；探索县级社一级法人制建设，组建省级联社试点；解决历史挂账，开展农户联保贷款等业务。

在农村信用社等正规金融的改革过程中，非正规金融也在国家的温和态度下得到了快速发展。“文革”结束后，高利贷就开始在民间兴起，1985年国家对信贷规模的调控进一步刺激了高利贷的盛行，影响了农村信用社吸储业务的开展，此后国家陆续出台了《关于制止社队高利筹资的通知》等一系列文件对高利贷进行打击，防止其在农村蔓延。1984年，中国第一家农村合作基金会诞生后，农村合作基金会迅速在全国兴起，对发展生产、救灾扶贫以及服务农民信贷交易等方面起到了积极作用，国家一度对其持鼓励态度。后来，合作基金会的无序发展扰乱了农村金融市场的秩序，国家开始对其进行整顿。从1996年的《关于农村金融体制改革的决定》，到1998年的《非法金融机构和非法金融业务活动取缔办法》，农村合作基金会在全国范围内被统一撤销。2002年，《中国人民银行关于取缔地下钱庄及打击高利贷行为的通知》印发，农村非正规金融被迫转入“地下”发展。

（四）新世纪农村金融改革的深化

新世纪农村金融改革的主线是对存量的深化和对农村金融的增量发展。存量改革深化方面，农村信用社改革从合作制改革进入商业化发展阶段。2003年，国务院《深化农村信用合作社改革试点方案》印发，以股份制改革为核心，以建立现代法人治理结构和产权制度为目的的农村信用社改革正式启动，逐渐在全国范围内铺开试点。这次改革明确农村信用社可以选择股份制、股份合作制、合作制三种产权制度，农村商业银行、农村合作银行、县（市）统一法人和县乡两级法人四种法人治理结构，将农村信用社的管理权转移到了省级政府手中，成立省级联社，由原银监会和人民银行共同监管。与此同时，从 1998 年开始陆续退出农村的各商业银行和政策性银行也在深化存量改革中逐步发展。2007 年，农业银行重新进入农村金融市场，到 2009 年，农业银行由独资商业银行改制为股份有限公司。2007 年，中国邮政储蓄银行正式挂牌成立，2012 年印发的《关于细化中国邮政储蓄银行有限责任公司股份制改革实施方案的批复》进一步推动了邮储银行的改革发展。随着《关于全面深化改革若干重大问题的决定》发布，农业发展银行改革提上日程，2014 年《中国农业发展银行改革实施总体方案》出台后，农业发展银行改革进入快车道。

在农村金融的增量发展上，2005 年，《关于鼓励支持和引导个体私营等非公有制经济发展的若干意见》指出："农村信用社要积极吸引农民、个体工商户、中小企业入股，增强资本实力。"2006 年，《关于调整放宽农村地区银行业金融机构准入政策的若干意见》等文件陆续出台，政府积极引导和推动民间资本合法化进入农村金融市场，盘活分散闲置的农村金融资本，促进农村金融增量发展。银监会、中国人民银行等部门也相继印发了《农村资金互助社管理暂行规定》《村镇银行管理暂行规定》《关于村镇银行、贷款公司、农村资金互助社、小额贷款公司有关政策的通知》等文件，为新型农村金融机构的规范发展提供了制度保障。

二、当前我国农村金融体系的总体构成

（一）依组织结构划分的农村金融体系

从农村金融供给的组织结构来说，我国农村金融可以划分为正规农村金融和非正规农村金融两大体系。

1. 正规农村金融体系

正规农村金融体系是我国农村金融供给的主体部分，是一个多元化的金融体系。广义的正规农村金融体系主要包括中国农业发展银行、中国农业银

行、邮政储蓄银行、农村商业银行、农村合作银行、农村信用社、新型农村金融机构、五大银行的县域分支及其他提供涉农证券、保险、担保等服务的正规的、被登记监管的金融中介机构。狭义的正规农村金融，即银保监会的统计监管口径，主要包括农村商业银行、农村合作银行、农村信用社及新型农村金融机构。

新型农村金融机构指2006年12月20日银监会发布《关于调整放宽农村地区银行业金融机构准入政策更好地支持社会主义新农村建设的意见》后，按有关规定设立的村镇银行、贷款公司和资金互助社。

村镇银行是指“经中国银行业监督管理委员会依据有关法律、法规批准，由境内外金融机构、境内非金融机构企业法人、境内自然人出资，在农村地区设立的主要为当地农民、农业和农村经济发展提供金融服务的银行业金融机构”。[①] 村镇银行属于中国银行体系的新兴力量，是新型农村金融机构，肩负着合理配置农村金融资源、服务县域实体经济的历史使命，在定位和功能方面具有分布以中西部地区县域为主、准入门槛低、以“支农支小”为市场定位、经营范围严格受限、决策速度快、发起人制度独特、贷款额度小、信贷措施灵活等特点。

贷款公司是指经银监会依据有关法律、法规批准，由境内商业银行或农村合作银行在农村地区设立的专门为农民、农业和农村经济发展提供贷款服务的银行业非存款类金融机构。贷款公司是由境内商业银行或农村合作银行全额出资的有限责任公司。

农村资金互助社是指经银行业监督管理机构批准，由乡（镇）、行政村农民和农村小企业自愿入股组成，为社员提供存款、贷款、结算等业务的社区互助性银行业金融机构。农村资金互助社是独立的企业法人，对由社员股金、积累及合法取得的其他资产所形成的法人财产，享有占有、使用、收益和处分的权利，并以上述财产对债务承担责任。农村资金互助社实行社员民主管理，以服务社员为宗旨，谋求社员共同利益。社员以其社员股金和在本社的社员积累为限对该社承担责任。

---

① 《中国银行业监督管理委员会关于印发〈村镇银行管理暂行规定〉的通知》（2007年1月22日），见 http://www.cbrc.gov.cn/govView_5B433BAF88B94712B5E392E3A621052D.html。

2. 非正规农村金融

非正规农村金融是指不受政府监管，游离于监管体系之外的金融活动，主要是指储金会、合会等组织。长期以来大部分农村金融需求都是由非正规金融提供供给的，它是我国农村金融供给不可忽视的力量，为解决农村融资问题，推动农村经济发展起到了一定的积极作用，但是由于它在业务模式、利率形成机制、担保机制等方面存在缺陷，造成非正规金融组织的高风险，因此，在我国农村金融发展过程中受到长期压制。随着我国农村金融改革的深入，越来越多的非正规农村金融组织将会被纳入正规金融体系中。

（二）依机构性质划分的农村金融体系

根据机构的性质不同，可以将农村金融体系细分为政策性金融、商业性金融、合作性金融三大体系。

1. 农村政策性金融

农村政策性金融是指由政府发起组织，以国家信用为基础，以配合、执行国家农业和农村产业政策、区域发展政策以及农业科技进步政策为主要目的，在农业及相关领域从事资金融通，旨在改善农业基础设施条件，支持、保护农业生产，促进农业、农村经济发展和农民增收的一种特殊的金融活动。

我国农村政策性金融发展主要有三个阶段：

第一阶段（1949 年—1979 年）：计划经济时期的农村政策性金融。该阶段农村金融业务由国家进行决策，在人民银行的统一指令下进行，贷款方式是由银行和信用社根据国家的生产计划，将生产所需资金按计划直接拨给公社和大队，计划到期后再从社队收回，存贷款利率基本上是固定利率，既不反映供求，也不反映行业利润水平。

第二阶段（1979 年—1993 年）：国有专业银行业务发展阶段。1979 年为适应农业发展，设立中国农业银行，此后，又依次建立了中国银行、中国建设银行、中国工商银行。农村政策性金融业务从中国人民银行剥离出来，分别由四大专业银行承担，具体分工如表 1 所示。

表 1　专业银行开展的农村政策性金融业务

专业银行	分担的农业政策性金融业务
中国农业银行	大部分粮棉油贷款、扶持贷款、种子工程等
中国银行	农产品进出口贷款
中国建设银行	农业基础建设和基础领域贷款
中国工商银行	部分粮棉油贷款、国家主要农产品筹备贷款

此外，1982 年国家恢复了农业保险，中国人民保险公司推出了低保额、低收费的政策性保险产品。

第三阶段（1994 年至今）：独立的农村政策性金融机构建设发展阶段。1994 年中国农业发展银行成立，标志着政策性金融与商业金融分离，承接了四大专业银行的全部政策性金融业务，成为我国唯一的农业政策性银行，主要任务是按照国家的法律、法规、方针政策，以国家信用为基础，负责筹集支农资金，承担国家规定的农业政策性和经批准开办的涉农商业性金融业务，代理财政性支农资金的拨付，为农业和农村经济发展服务。此外，农业保险、担保资产等业务也有一定的发展，我国初步形成了以农业发展银行为主导的多元化政策性金融体系。

2. 农村商业性金融

农村商业性金融是指以获得利润为经营目标、以多种金融资产和负债业务为经营对象的综合性、多功能的金融企业提供的金融活动总和。我国真正的商业性金融是在改革开放以后，对照政策性金融发展历程，它发展也经历专业银行发展时期和商业银行发展时期两个阶段。目前，我国已经形成了由农业银行及其他银行县域网点、农商行和新型金融机构等多层次、多主体的农村商业性金融体系。

3. 农村合作性金融

农村合作性金融是各国农村金融体系中的重要组成部分，其参加者往往是社会中的弱势群体，它具有不同于商业金融的公共产品特征。

我国农村合作金融体系主要包括农村信用合作社、农村合作基金会、合会、农村资金互助社以及农民专业合作社内部开展的资金互助。农村信用合作社自 1983 年恢复合作性质，1996 年与农业银行脱离行政隶属关系以后，被认为是我国农村合作金融的主要形式，但随着农村信用合作社改革的进一步深化，其合作的性质逐渐模糊。农村合作基金会在 1999 年被取缔，它是非正规金融机构，具有分散、隐蔽、容易诱发风险等问题，农村资金互助社是 2006 年才批准设立的新型农村金融机构，规模较小。近年来，中央 1 号文件多次提出鼓励农民合作社开展内部资金互助，各地按照中央部署进行了多方面的探索，但目前受制于自身发展不规范、监管难度较大等方面的因素，发展遇到了阻碍。

三、我国农村金融发展情况

（一）农村金融机构发展情况

根据 2018 年末银监会披露，我国农村金融法人机构数量为：农村商业银行 1397 家、农村合作银行 30 家、农村信用社 821 家、村镇银行 1616 家、贷款公司 13 家、农村资金互助社 45 家①，根据图 1 数据可知，从法人机构数量看，我国农村金融机构占银行业金融机构总数的七成以上，最高达 86%，由于农村信用社改革导致农村机构数量下降，2017 年比例较低为 74%。但是从资产规模看，我国农村金融机构都是小型金融机构，其总资产与银行业总体资产的占比仅为 13.3%左右。

① 农商银行发展联盟网站公布数据，见 http：//www. rcbda. cn/news/1233. html。

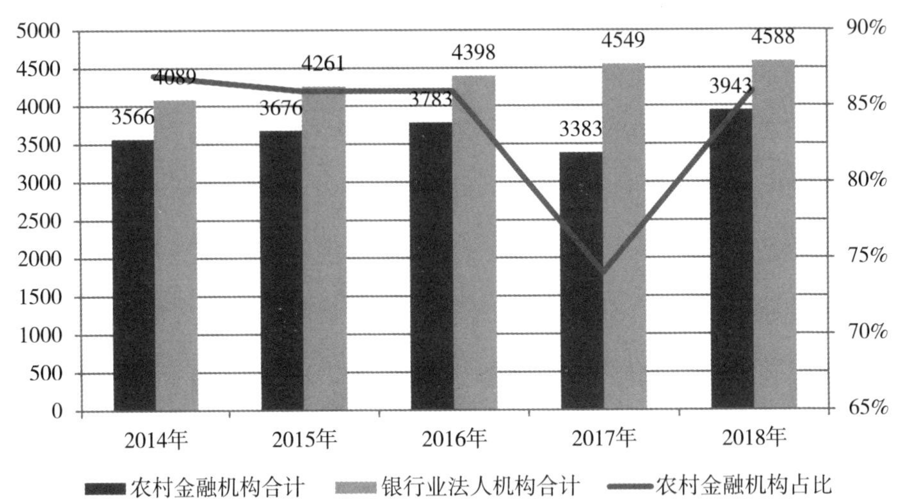

图 1　我国农村金融法人机构数量占比情况①

根据中国人民银行披露，截至 2018 年末，正规金融机构在农村地区提供的银行网点数量达 12. 66 万个；每万人拥有的银行网点数量为 1. 31 个，县均银行网点 56. 41 个，乡均银行网点 3. 95 个，村均银行网点 0. 24 个②。

从农村金融机构经营情况看，2007-2013 年，农村金融机构的经营绩效不断提高，资产利润率不断上升，最高达 1. 3%左右，同时不良资产率下降，最低降至 2. 4%，但是从 2014 年开始整体经营业绩出现下滑，可持续发展能力下降，2016 年农村合作银行、农村信用社、新型农村金融机构、农村商业银行的资产利润分别为 0. 6%、0. 7%、0. 97%、1. 02%，平均不良资产率升至 3. 1%，其中新型金融机构的不良资产率高达 8%。

① 本章中图表数据均来源于 wind 金融资讯。

② 中国人民银行：2018 年农村地区支付业务发展总体情况，见 http：//www. chinavbf. com/xx-cydt/info/19/04/02/0917125368. html。

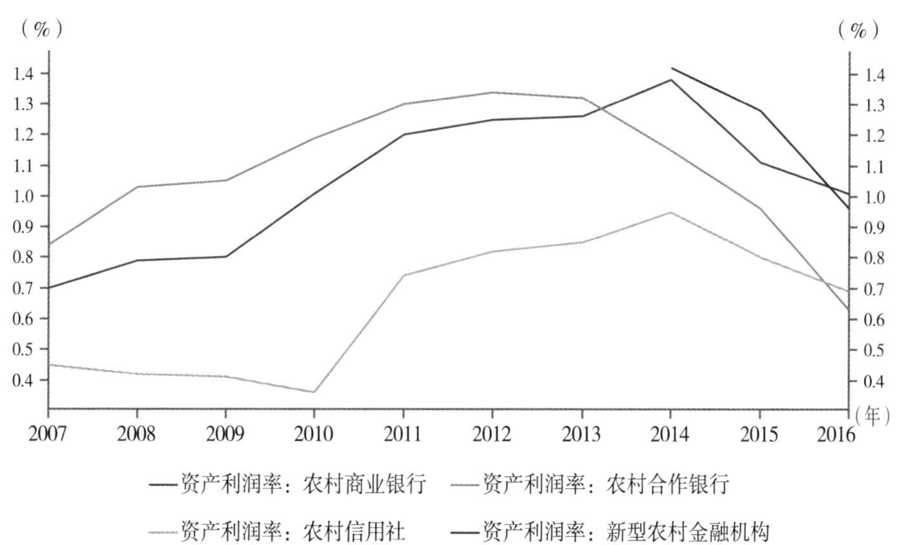

图 2 涉农金融机构资产利润率

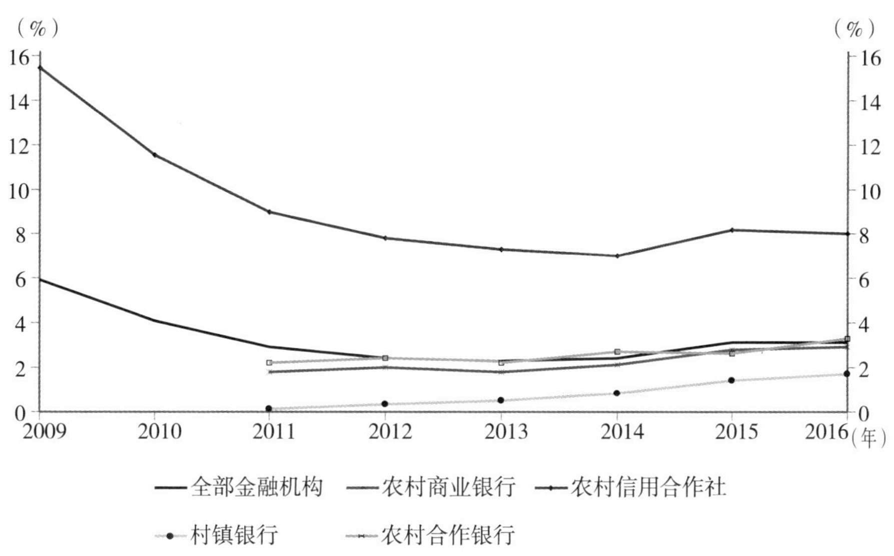

图 3 涉农金融机构的不良资产比率

此外，信贷担保机构进一步发展。截至 2018 年 10 月底，国家农业信贷担保联盟有限责任公司和 33 家省级农担公司先后成立，累计设立市（县）分支机构 376 家，与地方政府或其他金融机构合作设立 952 家业务网点，业务覆盖范围超过全国一半县市行政区。

（二）农村金融业务发展情况

1. 涉农信贷业务

据人民银行披露，2018 年全国金融机构提供本外币涉农贷款余额 32.68 万亿元，同比增长 5.6%，农村（县及县以下）贷款余额 26.64 万亿元，同比增长 6%，农户贷款余额 9.23 万亿元，同比增长 13.9%，农业贷款余额 3.94 万亿元，同比增长 1.8%。① 从近五年涉农贷余额数据（图 4、图 5）看，虽然我国农村信贷规模逐年增加，但是农村信贷增速是波动下行的，增速由 2014 年的 13%下降到了 5.59%；农村信贷与银行业信贷的占比也是逐年下降的。

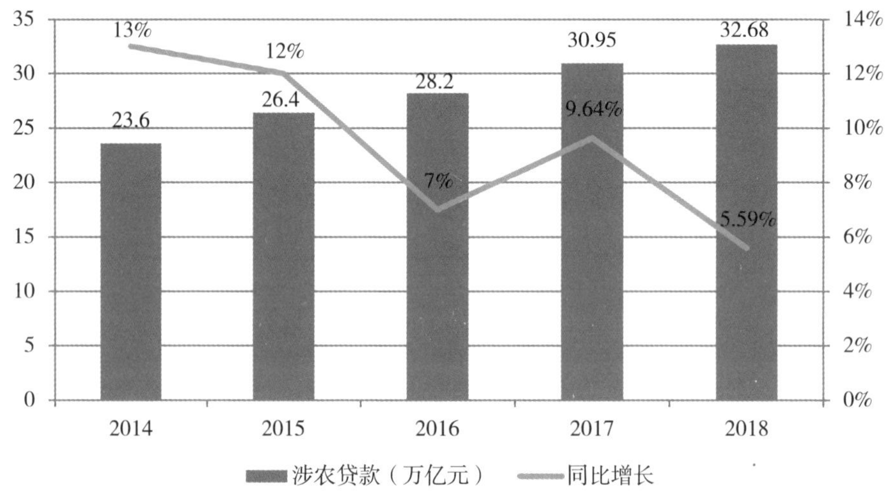

图 4　我国涉农贷款余额数据（2014—2018）

① 2018 年金融机构贷款投向统计报告，见 http：//www. pbc. gov. cn/diaochatongjisi/116219/116225/3752832/index. html。

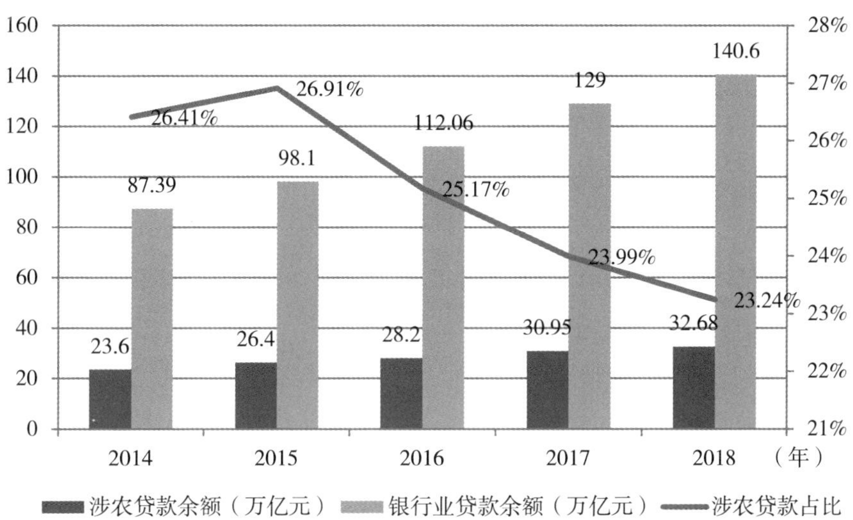

图 5　我国涉农贷款占比情况

2. 涉农保险及证券业务

2007 年至 2016 年，我国农业保险保费收入从 51.8 亿元增长到 417.1 亿元，参保农户从 4981 万户次增长到 2.04 亿户次，承保农作物从 2.3 亿亩增加到 17.2 亿亩，分别增长了 7.1 倍、3.1 倍和 6.5 倍。2018 年农业保险原保险保费收入为 572.65 亿元，同比增长 19.54%；农险保额 3.46 万亿元，同比增长 24.23%。

近几年我国鼓励“证券+保险”服务三农的创新服务发展。2016 年，国家“十三五”规划纲要和中央一号文件分别提出要“稳步扩大期货+保险试点，金融服务实体经济”。2017 年，中央一号文件再次强调要以“保险+期货”为工具服务三农，推进精准扶贫。2018 年，中央一号文件要求继续“稳步扩大保险+期货试点”，服务国家乡村振兴战略。

“保险+期货”是指农户向保险公司购买农产品价格保险，保险公司向期货公司购买看跌期权，期货公司再在期货市场上复制该看跌期权进行套期保值，实现农产品市场风险的转移和对冲，最终形成风险分散、各方受益的闭环。截至 2018 年 7 月，“保险+期货”项目已涵盖的期货项目有大豆、玉米、鸡蛋、棉花、苹果、白糖、橡胶。

3. 农业信贷担保业务

2015 年 7 月 22 日，财政部、农业部、中国银监会以财农〔2015〕121 号印发《关于财政支持建立农业信贷担保体系的指导意见》，该意见明确指出了财政支持建立农业信贷担保体系的指导思想和目标原则、建立健全全国农业信贷担保体系、财政支持建立农业信贷担保体系的政策措施、财政支持农业信贷担保体系的组建工作的要求等。

截至 2018 年底，我国农业担保体系基本健全。2016 年以来，全国新增担保项目 26. 11 万个，新增担保额 956. 5 亿元，在保余额 560. 3 亿元，其中，2018 年 10 月底前新增担保项目 13. 3 万个，新增担保额 452. 9 亿元，农业担保体系已从前期的搭机构、建机制向业务快速增长期转变。

四、农村金融科技发展情况

（一）互联网金融

农村互联网金融凭借互联网技术跨越地界障碍的优势，实现了农村金融资源与信息互通，加速了农村金融信息流、资金流的流转速率，对农村经济快速发展起到了促进作用。虽然我国农村互联网金融发展时间不长，但是凭借众多互联网技术企业、电商平台、传统金融机构、农资企业等主体的加入以及政府的政策支持，规模与日俱增。根据中国社科院 2016 年发布的《“三农”互联网金融蓝皮书：中国“三农”互联网金融发展报告》数据显示，截至 2015 年底，我国农村互联网金融市场规模已经达到 125 亿元，并预测在我国“十三五”结束后，我国农村互联网金融市场规模可达 3200 亿元，市场增长可达 25 倍，发展前景广阔。另外，从农村互联网金融各种类型交易额度来看，央行数据显示 2016 年农村互联网金融全年交易量突破 3 万亿元，其中农村互联网金融 P2P 交易总额为 450 亿元，较上年增长 250 亿元，农村众筹项目交易总额为 6. 2 亿元，较上年增长 5. 12 亿元，其中预售型产品众筹 4. 2 亿元，权益型众筹 2 亿元。从农村互联网金融平台增长数量来看，2009 年为我国农村互联网金融 P2P 平台与众筹平台的开始发展阶段，在 2014 年与 2015 年政策支持下，农村互联网金融平台数量呈现爆发式增长。但一些地方互联网金融平台由于自身管理不规范出现爆仓、跑路等问题，监管部门对互联网金融的监管日趋严格，农村互联网金融发展进入瓶颈期。

（二）大数据及云计算应用

随着移动互联网的快速普及，大数据技术得到日益广泛的应用。以数据为核心资源基础，可加速推进农村中小金融机构的转型升级，为大众提供全方位的普惠金融服务。近年来，农村中小金融机构积极响应金融科技创新需求，着力培育自身数据资产，推动大数据应用进入快车道。总体来看，大数据为农村中小金融机构在集中管理、客户画像、精准营销、风险控制、运营优化五方面可以提供技术支撑。集中管理方面，利用大数据技术，可帮助农村中小金融机构及时深入分析员工的日常操作、交易的每个环节，甚至能够预测可能出现的问题。客户画像方面，通过整合大数据资源，不仅可以全面了解三农和小微客户历史信用情况，对客户进行综合评价，精准定位客户群体，还可降低银行与企业间信息不对称程度，降低农村中小金融机构小贷微贷的业务风险。精准营销方面，借助大数据可为客户设计更加个性化、高效化的金融服务方案，从而提升金融服务效率。风险控制方面，大数据正在改变传统的风险管理思路，提供更多样、有效的风险管理方法和手段，使得风险定价更加精确，风险防范更为有效。运营优化方面，农村中小金融机构在制定各类决策时，利用大数据技术开发出高效、灵活的授信量化模型，可帮助其准确判断市场发展趋势。

（三）供应链金融

供应链金融是指人们为了满足供应链生产组织体系的融资需要而执行的交易融资和相关服务定价的活动，旨在加强整个供应链的信用状况。供应链金融建立在核心企业和特色产品真实贸易的基础上，降低融资成本和风险，提高中小企业和农户的信用水平，促进了金融服务的发展。农业供应链金融是联系上下游农业企业，把农户和供应链上的其他企业之间的利益进行绑定，以农业企业中的特色优势农产品为核心，通过科学、因地制宜地设计金融产品，较好地满足供应链上不同企业的融资需求，系统地协调农业供应链的融资运作。

五、农村金融存在的主要问题和成因

（一）主要问题

1. 法律政策环境不完善

良好的法律和政策环境是经济平稳运行的保障。目前，我国有关农村金融的政策性文件较多，但没有建立有关农村金融方面的法律法规体系，无法综合权衡金融机构、农户、农村经济各个方面的综合利益，这样就会出现贫困户无法贷款、金融机构风险无人承担、农村地区经济发展乏力的恶性循环，究其根源是缺乏相关法律对之进行有效约束。

第一，缺乏专门针对农村金融的法律。从 2013 年全国人大常委会提出“适时启动农村金融地方立法”，到 2015 年、2017 年中央“一号文件”强调要将加快农村金融立法，但截至目前，统一的农村金融法律仍未出台，农村金融很大程度上借用城市金融的实施方式及措施，不能做到因地制宜。

第二，金融机构在开展农村具体业务时缺乏配套法律规范。正规的金融机构缺乏明确的法律条文来指导，无法充分发挥其在服务“三农”中的作用；非正规金融机构在发展中易陷入法律盲区，阻碍农村金融的健康发展。

第三，就现有的国家政策而言，地方在实际执行过程中存在脱节现象。一些地方政府对农村金融改革的认识不到位，存在畏难心理，导致中央的有关政策难以落地，阻碍了金融改革进程。此外，一些农村地区农户守信意识薄弱，农村金融难以发挥应有的作用。

2. 农村金融体系建设不健全

就我国城乡发展的现状而言，农村经济发展一直处于劣势地位，即便是较为发达的农村地区，依然存在着农村金融资金投入量不足、农村金融机构数量偏少等问题，农村金融振兴乡村发展的有效载体不足，未形成健全的适合乡村振兴的金融体系。

第一，农村金融资金量投入不足是阻碍农村经济发展的重要因素。农村经济发展缓慢，农户手头可利用资金少，一般会通过农村信用社等金融机构贷款，而在农村经济风险大于收益的情况下，部分农村信用社贷款投向非农领域，形成大量资金外流。

第二，除了国有四大银行和农村储蓄银行外，其他银行不愿在农村地区设置网点。通过对农村现有金融机构的调查发现，一些网点不办理针对农户的贷款业务，即使有贷款业务也多服务于信誉较好的农村企业。甚至部分金融机构持续缩减对农业的资金贷款比例，这对农村经济的发展无疑是雪上加霜。

第三，农村企业信用状况整体偏低，金融支持农业的大环境差。尽管各地政府为了促使金融机构向农村企业融资出台了大量优惠政策，但整体情况并没有得到改善。一方面是传统涉农工业不适应全国经济供给侧改革的步伐，在工业发展模式转型中面临被淘汰的危机；另一方面是涉农大中企业贷款较多，经营不善造成严重亏损，使得贷款出现逾期和信用下降。这种情况下，银行发放贷款有所顾忌，不敢贷、不能贷、不愿贷。

3. 农村金融人才匮乏，农村金融产品创新不足

农村金融的发展除了资金的注入，还离不开金融方面的高素质人才。金融人才的数量和质量决定了乡村振兴的进程和效率。尽管中央和地方政府一直出台相关金融人才的保障制度，实行各种优惠政策引进中高端人才，但仍然未能真正填补农村金融发展的人才短板，不仅影响了新型金融产品在农村地区的普及，也阻碍了乡村振兴的步伐。

农村金融产品创新不足。一方面，农产品结构单一，涉农产业发展规模小，在市场竞争中缺乏优势；另一方面，由于农业“靠天吃饭”，涉农金融产品本身具有风险大、收益低的特点，金融机构对涉农金融产品进行创新的动力不足。我国目前涉农担保、理财、融资、保险等新兴业务，无论是在数量上还是在质量上都难以与农村经济发展速度和规模相匹配，单纯将业务重点放在存款、贷款、汇款等传统业务上的老思路，已经无法适应农村快速发展的节奏。

4. 农村担保体系薄弱，信用体系建设不完善

目前，国家农业信贷联盟有限公司在全国 28 个省份均已组建了省级农担公司，为建立全国农业信贷担保体系做准备。但从整体上来看，农村信用体系和担保体系建设仍有待于进一步完善。信用信息是金融机构和担保机构进

行客户筛选、风险评估以及风险补偿的根本依据，但受农村地域限制，很难形成完整的征信体系。虽然中国人民银行的征信系统能够记录每位公民的信贷行为，但农户金融活动少，信贷行为也较少，几乎不存在信用记录。在担保机制的建设上，土地、宅基地等作为抵押物、质押物都受到不同程度的制约，其充当贷款的担保物都受到不同程度的制约，不仅有效性较低，而且在争端出现时很难采取强制措施。因此，在较长的时间里，农户的信用及保证仍旧是贷款的主流。而农户的信用意识普遍不高，在农户联保中极有可能出现一户失去偿还能力，其他农户拒绝承担连带赔偿责任的情形，相互推诿，损害保险公司和担保机构的利益。由于缺乏完善的奖惩机制，失信成本低，目前金融机构对农村失信债务人缺乏有力的制约制裁手段，一般采取暂停贷款、记录不良信用行为、诉讼等措施缺乏震慑力。有时即使金融机构能够胜诉，却难以执行判决。农户不按约定还款、脱逃债务现象频繁，降低了金融机构惠农扶农的积极性。

（二）主要原因

1. 城乡二元结构是客观原因

现阶段我国城乡二元经济结构的特征没有根本改变，资本的趋利性必然导致落后的农业和农村更难获取银行信贷的支持，这样就形成了金融的二元结构。金融资源向农村配置的实现需要满足必要的条件，但是我国农村金融生态环境不利于农村金融的发展，制约了金融资源向农村的配置：第一，我国农业基础设施投资不足，农业尚属弱质产业，生产主要以小农户为主，农业生产风险高，抗风险能力低，从而增加农村金融的经营风险。第二，农业金融短期信用对象是众多小农户或农作物，贷款额度小、种类多，而且业务对象分散，地域分布广，资金运用缺乏规模效应，放贷成本高，融资收益率低，从而形成了农村金融的低预期收益。第三，农村居民可供有效抵押的财产不多，缺乏信用支撑体系。第四，由于历史原因和地域局限，我国农村居民信用意识、法律意识比较淡薄。

2. 金融体系及其功能发展滞后

现阶段农村金融体制改革形成的金融体系，缺少有效的农村金融资源配置主体，这导致农村金融的需求得不到满足。1997 年以后，国有商业银行在农村的业务主要由中国农业银行承担。而中国农业银行初期的业务兼具商业性和政策性，1997 年后农行政策性业务剥离速度加快，经营也日益强调以利润为核心，其业务经营范围与其他国有商业银行基本无异。邮政储蓄机构只吸储，再把储蓄资金转存入中国人民银行，以转存利率与吸储利率差额作为其收益来源，这反而成为农村金融资源流出的一个渠道。

农村信用合作社支农功能逐渐弱化。农村信用社是我国当前农村地区与农业农户直接业务往来最广泛的金融机构。随着经济体制改革的不断深入，农村信用社的经营逐步走向了市场化，其经营目标、业务范围都进行了相应调整，已逐步改变了政策支农的主要性质。同时，农村信用社每年通过缴纳存款准备金、转存中国人民银行、购买国债和金融债券、向城市发放贷款等方式，也导致大量资金流出农村。在某些地区，由于行政干预或农村经济发展的滞后造成农村信用社经营环境恶化，甚至出现严重亏损，资本金短缺，直接削弱了其为农业服务的能力。

农业政策性金融机构的功能远未到位。按照农村政策性金融与商业性相分离的改革思路，中国农业发展银行成为我国仅有的涉农政策性金融机构，按照政府的政策与计划从事信贷活动，农业发展银行的业务也不直接涉及农业农户，它的主要任务是承担国家规定的政策性金融业务，并代理财政性支农资金的拨付。目前农业政策性金融机构尚缺乏合理的组织体系及准确的功能定位，为农村和农业发展的政策性金融服务缺乏融资主体，直接影响了政策性金融所特有的职能、功能的发挥。

对非正规金融缺乏规范和引导，不利于民间金融组织及业务的发展。农村非正规金融更多地表现为农村居民个人之间、个人（含私营企业主）与民间金融组织之间的货币性借款融资。农村非正规金融既是对金融系统行为的模仿和学习，又是对正规金融的职能替代，它能在一定程度上解决正规金融机构无法满足农村金融需求的难题。农村非正规金融活动缺乏政府的规范和引导，操作中存在利率过高、履约率低、签约方式不合理等问题。这样加大了民间借贷的交易成本和风险，衍生了潜在的金融风险，加剧了农村金融环境的恶化，不利于民间金融组织及业务的发展。

3. 政府没有充分发挥其在弥补市场机制缺陷方面的补充作用

金融二元结构是农村金融资源配置不足的主要原因，而城乡二元结构又是金融二元结构的根源。虽然二元结构是发展中国家经济发展中的必然特征，它的根本解决依赖于经济发展和市场功能作用的发挥，但是在经济发展中期，市场机制尚不能充分发挥作用时，通过发挥政府职能的作用，对缓解二元经济结构、为农村金融配置提供良好的客观环境、避免农村金融配置和农村经济发展陷入恶性循环是非常必要的。在现阶段农村、农业、农民弱质性特征仍然比较明显的阶段，迫切需要政府通过对市场的“反向调节”，增加对农村的投入，给予农村金融发展更多的政策支持，促进农村金融功能充分发挥。

第三章　供销合作社发展农村金融服务的重要性

一、充分认识供销合作社开展农村金融服务的重要意义

供销合作社开展农村金融服务，是落实2015年3月，中共中央、国务院《关于深化供销合作社综合改革的决定》（中发〔2015〕11号，简称中发11号文件）精神，深化综合改革、推进“三位一体”综合合作、强化为农服务的必然要求，是解决“三农”融资难题的有益探索实践，是我国农村金融体系的有益补充。

（一）供销合作社开展农村金融服务，有助于促进多元化农村金融体系建设

从世界各国的实践看，合作金融是农村金融的重要组成部分，具有一定的公共产品特征，与政策性金融和商业金融功能上具有互补性。经银保监会批准设立的农村资金互助社是新型金融机构，但由于自身发展不规范、监管难度较大等诸多原因，相对村镇银行、贷款公司等发展停滞不前，截至2018年末，全国仅有45家。农村信用合作社已经完成或正在进行商业化改制，合作性质已逐渐模糊，总之，我国农村的合作金融现状并不乐观，需要对发展模式进行探索创新。供销合作社开展以合作金融为重点的农村金融服务，一方面，可以解决农村金融服务供给不足的问题，为更多弱势群体提供互助式的金融产品；另一方面，可以提升合作金融机构质量，降低监管难度，防范区域性或系统性风险。

杜晓山认为，目前，我国农村的合作金融呈现出“两难”局面：若大力发展新型合作金融组织，则存在机构素质不高、监管力量不足、区域和系统风险高的矛盾；若不发展或少发展新型合作金融组织，则存在难以缓解农民群体金融服务难、服务贵的矛盾。而供销合作社稳步开展农村合作金融服务，由于党和政府可以有效掌控，只要工作真正得力，就能够有效化解上述“两难”局面。有条件的供销合作社只要按照社员制、封闭性原则，在不对外吸储放贷、不支付固定回报的前提下，发展农村资金互助合作，就能从总体上达到健康、可控、发展的目标。

王曙光认为，供销合作社参与新型合作金融发展有助于使农村金融体系更加多元化，有利于增加农村金融供给，对克服农村信贷难问题起到一定的缓解作用。供销合作社参与新型合作金融发展使得农村金融体系的市场竞争进一步充分化，而日渐加剧的市场竞争能够使农村金融供给的效率得到提升，使各类农村金融在竞争压力下进一步提高金融服务质量，促进金融产品的创新和升级。供销合作社参与新型合作金融发展可以进一步激活农村资金，把农村资金留在农村，对农村资金的净流出起到阻滞作用，提升农村居民的信贷可及性。供销合作社参与新型合作金融发展还能够促进合作金融体系的整合与融合，对其进一步规范发展有重要意义。供销合作社作为一个超脱于政府和基层社的一个组织，在一定程度上具备整合基层合作金融服务组织的协调能力，从而使该类组织整体性和规范性得到总体提升，缓解合作金融“各自为政”的局面。

（二）供销合作社开展农村金融服务，有助于完善“三位一体”综合合作

2017年中央一号文件明确提出，积极发展生产、供销、信用“三位一体”综合合作。2017年6月，中共中央办公厅、国务院办公厅印发的《关于加快构建政策体系培育新型农业经营主体的意见》明确提出，积极发展生产、供销、信用“三位一体”综合合作，发挥供销等系统的优势。实践证明，“三位一体”综合合作丰富了农村统分结合双层经营体制中“统”的内涵，是农村生产关系和农业经营体制的发展和完善，对于在人多地少、经营分散的基本国情农情下推进中国特色农业现代化建设，具有重大而深远的意义。供销合作社积极拓展农村金融服务，可结合土地托管、农资供销、农产品流通等

优势更好地拓展服务领域，真正形成供销合作、生产合作、信用合作“三位一体”的农村经营体系，促进农村合作层级和各种资源配置效率的进一步提升。

生产合作是农业合作的基础。供销合作社可以为农民提供产前、产中、产后社会化服务，利用自身贴近农民、体系健全的优势，创办、领办、参与农民专业合作社，变小生产为适度规模经营，提升生产合作的规模、实力、带动性。通过供销合作社领办，让众多的农民专业合作组织摆脱“只挂牌、不合作”、数量多、合作少、质量差等“虚胖”状态，从徒有其名走向名副其实。

供销合作是农业合作的血脉。供销合作社的传统“强项”是供销合作。在构建服务“三农”网络的大背景下，各级供销合作社可以利用自身渠道优势，发展多种农产品流通模式，构建全国性电子商务平台，在解决农产品难卖方面发挥积极作用。农户“小生产”和适度规模生产经营均可通过生产和供销对接，在大市场中逐渐提升定价实力，由被动“受价者”变为主动“定价者”。

信用合作是农业合作的支撑。作为弱势群体和弱势产业，农民和农业长期都较难获得融资支持。供销合作社可以通过对接农民生产、供销合作，发展农村新型合作金融组织，缓解农民和农村新型生产经营主体“融资难”、农村“金融贫血症”等问题。

（三）供销合作社开展农村金融服务，有助于强化供销合作社经济实力和服务能力

长期以来，供销合作社扎根农村，贴近农民，在发展现代农业、促进农民致富、繁荣城乡经济的过程中，形成了庞大的经营服务体系和众多市场主体，供销合作系统有 22474 家法人企业、31792 个基层社、193587 个农民专业合作社和 42.2 万个农村综合服务社，这些经营主体本身就有各类金融服务需求。此外，依托这些实体及其业务的上下游产业链条，供销合作社链接海量涉农企业、新型农业经营主体和小农户，这为系统开展金融服务提供了坚实的客户基础。在深化供销合作社综合改革、参与乡村振兴的过程中，供销合作社无论是加强基层组织建设，还是参与农业产业发展，都离不开金融的支撑。同时，通过依托现有基础和优势，开展农村金融服务，供销合作社能够有效拓展和发挥自身在农村流通服务、农业生产经营服务、金融服务、生活服务等方面的整体功能作用，有力推动农村经济社会的发展和农民生产生活水平的提高。

二、供销合作社发展农村金融具有独特优势

（一）制度优势

合作制经济与合作性金融相匹配。合作制是农村合作金融的基础，历来被视为信贷合作的生命力所在。早在 1985 年，中华全国供销合作总社就代表中国合作社加入了国际合作社联盟，成为全球联盟和亚太地区分部的重要成员。长期以来，供销合作社作为合作经济组织，在发展农村商品流通，推动农产品供销合作和生产合作方面发挥着积极作用，具备进一步发展农村新型合作金融的制度基础及优势。同时，供销合作社具有较强的官助民办、互助合作的组织色彩，县以上供销合作社联合社基本参照公务员管理，社有企业和基层供销合作社作为市场主体，客观上处于政府和市场中间地带，是农村流通和农业社会化服务的“国家队”，能贯彻政府意图，承担政府委托的任务，完成国家委托的经营业务和社会服务任务，可兼顾公益性、经营性和可持续性。

（二）组织优势

供销合作社是我国规模和影响力最大的合作经济组织，截至 2018 年底，其经营触角和服务领域已经覆盖 75%以上的行政村和 95%以上的乡镇，在全国城乡，尤其是在广大农村地区，拥有较为健全的体系，包括全国总社、32 个省级社、342 个市级社、2408 个县级社、31792 个基层社的五级完整组织，县及县以下连锁配送网点达 89.4 万个，并且领办了 19.4 万个农民专业合作社，入社农户 1596 万户，扎根深、覆盖广，具备开展农村合作金融的组织基础。同时也具备一定的风险过滤功能。根据中央和地方金融监管职责划分，省级政府将承担更多的监管责任，但由于层级过高，基层农村合作金融的监管难以落实到位。供销合作社组织层级完整，又贴近农民开展经营服务，在县级供销合作社联合社的统一管理下，能够对其领办的基层农村合作金融组

织进行行业指导和一线监管，在政府监管的前提下，探索和完善行业自律的监管模式。

（三）网络优势

供销合作社已形成农业生产资料、农副产品、日用消费品、再生资源、农村社区综合服务的经营服务网络，是农村流通领域网点数量最多，辐射范围最大的流通组织。服务农村是供销合作社工作的重点，在长期的农村服务工作中，供销合作社现实地充当了农民和市场的纽带，不但了解“三农”的需求，也熟悉农村市场，占有丰富的市场信息资源。供销合作社本身长期根植农村，金融服务的信息优势显著。此外，它还有经营优势和资产优势，有成千上万的龙头企业和各类公司制法人企业，拥有大中专院校近百所，国家级科研院所近十所。全系统拥有资产 1.2 万亿元，所有者权益 3000 多亿元，是我国经营规模较大、经济实力较强、业务领域较多的综合性经营服务组织，具备一定的抗风险能力。

（四）产业链优势

农民的金融诉求往往与农业生产活动密切相关，具有非常明显的季节性特征，这也决定了单个合作金融组织很难依靠自身资源持续生存下去。在县域农村市场，供销合作社实际上现实地充当了两种角色，一方面是通过组织农特产品的购销而成为农特产品市场的开拓者；另一方面是通过推动以农特产品生产为基础的农村合作社的发展农特产品加工、包装、储运，而成为农村产业链的完善者。在发展过程中，不但占有较丰富的销售市场资源，而且产生和培育了具有较强实力和影响力的企业集团、龙头企业。供销合作社在涉农领域拥有较长的产业链条，有助于发挥经营服务方面的综合性优势，并充分利用行业差别，扭转农资购置资金紧缺与农产品价值实现在季节上的错配，适时开展信贷资源调剂，推动金融服务持续不断的良性运作。产业链的优势可以使供销合作社整合产业链上下游资源，在开展农村合作金融服务时具有较大的创新空间。

三、供销合作社发展农村金融面临有利机遇

（一）市场环境给予了空间

党的十九大以来，乡村振兴战略全面实施，新型农业现代化和城镇化建设战略加速推进，农业农村现代化迎来新的机遇。但现阶段，“三农”发展，特别是实现产业兴旺，遇到了资金瓶颈，要突破这个瓶颈，仅靠目前的农村金融服务机制，很难在短期内奏效，需部分借助于合作金融这个重要的补充力量，而当前农村合作金融服务的市场空间巨大但供给不足，对于组织在基层、产业在农村的供销合作社而言，面临着有利的发展机遇。

（二）中央政策给予了支持

近年来党中央、国务院重视农村合作金融工作，中央一号文件多次提出要发展农村合作金融组织，中办、国办也在相关文件中鼓励开展农村合作金融。2014、2015 年中央一号文件，中办、国办《关于引导农村土地经营权有序流转发展农业适度规模经营的意见》、国办《关于金融服务“三农”发展的若干意见》等，都对供销合作社参与农村合作金融给予了必要的政策空间。2015 年中央一号文件及党的十八届五中全会中明确提出积极探索农村新型合作金融发展的有效途径，稳妥开展农民合作社内部资金互助业务试点；2016 年、2017 年中央一号文件进一步强调了扩大农民合作社内部开展信用合作试点的范围。2017 年中央一号文件还鼓励开展生产合作、供销合作、信用合作“三位一体”综合合作。2018 年中央一号文件提出要强化金融服务方式创新，提高金融服务乡村振兴能力和水平。《中共中央、国务院关于新时代推进西部大开发形成新格局的指导意见》（中发〔2019〕13 号）提出要支持开发性金融、政策性金融、商业金融、合作金融等，更好地为西部地区发展服务。中央文件的出台为供销合作社参与农村新型合作金融服务提供了有利的政策环境。

（三）综合改革提供了平台

2014 年 4 月初，经国务院批准，河北、浙江、山东、广东四省供销合作社综合改革试点工作正式启动。根据中华全国供销合作总社要求，各地试点

工作方案均按 6 方面重点内容展开，农村合作金融作为单项业务，是其中重点内容之一。中发 11 号文件，要求供销合作社稳步开展合作金融服务，对全系统开展金融服务提出了明确的任务要求，提供了强有力的政策支持，为全系统开展农村合作金融提供了发展的平台。2018 年《中华全国供销合作总社印发关于深入贯彻落实中央一号文件大力推动乡村振兴的实施意见的通知》提出要创新农村合作金融服务，探索资金互助新模式。2019 年 1 月发布的《中华全国供销合作总社关于规范发展供销合作社金融服务的指导意见》指出，稳步发展农村信用合作。近年来，供销合作社系统凭借产业链优势、组织优势和制度优势，积极探索开展农村金融服务创新，为解决涉农经营主体和普通农民融资难、融资贵问题，取得了可资借鉴和推广的经验。截至 2018 年 10 月底，全系统共有各类开展信用合作的农村合作经济组织有 745 家，互助资金余额 124 亿元，互助金投放余额 98 亿元。

四、供销合作社发展农村金融面临的挑战与不足

（一）挑战

1. 参与方式面临挑战

虽然我国农村金融市场总体供给不足，供求缺口较大，但是，农村金融组织机构已经有较大程度地发展，农村金融市场的金融供给机构多元化格局、竞争局面已经初步形成，行业竞争越来越激烈、金融脱媒现象越来越突出，在这种情况下，供销合作社开展农村金融服务，需要考虑参与的方式，以避免盲目进入市场、从事不擅长的经营领域而陷入同质化竞争窘境。另外，目前我国经济正处于向调整转型阶段，银行业发展面临不良资产增速加快、新增贷款规模下降、企业对外融资需求转型和银行贷款需求增长迟缓、实体经济结构处于调整之中和小微企业破产率提高等问题，农村金融市场风险处于上升时期，农村金融与农村社会稳定、农民生计息息相关，该领域市场抗风险能力相对更为脆弱，供销合作社在参与农村金融服务创新过程中，需要审慎稳妥，稳中求进、规范运行，不宜急于大范围推广。

2. 业务模式选择面临挑战

农村金融市场的金融供给机构多元化格局、竞争局面已经初步形成，我国农村金融市场不缺主体，但是供求缺口仍然较大，农户、农村中小微型企业借款难的问题仍然较为突出，其主要原因在于：一是大型金融机构资金实力和技术实力雄厚，但是针对农村金融需求的创新动力不强；二是中小银行数量众多，但创新能力不足。特别是在县域范围内开展业务的农村信用合作社（农村商业银行），本身面对的就是众多的弱势群体而形成的弱势金融市场，但是大多数农村信用合作社没有开发出一种适合自身业务拓展的可持续商业模式，业务模式单一。我国农村金融服务面临的需求主体，实际上是受正规商业信贷市场排斥的群体，因此，供销合作社在推进农村金融服务时，需要摆脱传统的服务模式，在组织结构、管理体制、管理机制和业务模式等方面进行创新。供销合作社是选择做大现有准金融服务业务存量，还是开拓新的合作金融服务领域，也需要做出慎重的选择。

3. 金融科技创新带来挑战

建立在互联网基础上的金融组织方式和业务模式的创新，带来了金融业的突变，特别是大数据、区块链技术的应用，在给予传统商业银行和非银行金融机构新的发展空间和机遇的同时，也带来了组织机构创新、业务模式创新、商业模式的创新、技术储备和人才培养等方面的新挑战。互联网、大数据技术对于解决农村地区资金需求总量大、单笔金额小、区域分散、征信非标化、信息收集成本高的特点，具有突破性的解决方案和优势，能够降低传统信贷管理成本，提高信贷管理效率。金融机构、科技公司、电商公司等机构纷纷进入农村金融市场展开角逐，对于以传统经营服务和线下网络优势见长的供销合作社而言，面对高科技应用快速普及的农村金融市场，是该做强优势、搭建平台、寻求合作，还是加大研发力度、积极发展高科技新型合作金融服务，以提高自身为农服务水平，是眼前的一大挑战。

（二）劣势和不足

供销合作社开展农村金融服务，也存在一些劣势与不足，必须采取有效措施，切实加以解决。

（1）经济实力比较薄弱。近些年，供销合作社综合改革虽然取得了显著成效，经济实力有所提升，但总体来看，系统发展不平衡，相当一部分地区仅靠资产租赁维持生计，经营业务都很少开展，更谈不上开展金融服务。金融业务对资金的要求较高，由于经济实力不够，导致许多地方供销合作社开展金融服务的难度较大。

（2）供销合作社的合作制属性淡化，与农民的利益连结还不紧密。合作经济属性是供销合作社区别于其他经济组织的本质属性，也是供销合作社开展合作金融的内在制度优势。但目前供销合作社的合作经济特色并不鲜明，这在县以下的基层供销合作社表现得尤为突出。目前系统的基层社，大多还是集体所有制企业，农民社员的数量不多，合作制原则没有得到体现，导致在开展合作金融方面的优势不能有效发挥。

（3）联合合作不够，整体优势难以发挥。供销合作社无论是开展经营业务，还是发展金融服务，很大一个优势就是能够依托庞大的组织体系，形成规模优势。但目前供销合作社分级所有，资源分散在各级供销合作社，得不到有效整合形成合力。对于金融服务这一规模效应特别明显的行业来说，零而散的小规模经营是很难具有较强市场竞争力的，这也增加了系统开展金融服务的难度。

（4）金融人才缺乏。整体来看，供销合作社干部队伍比较老化，知识结构不合理。特别是县以下供销合作社，受限于管理体制和经营实力，好的人才引进不来，引进了也难以留下。而金融行业对专业化的要求又比较高，也导致许多地方供销合作社开展金融服务有心无力。

第四章　东亚地区发展合作金融的主要做法和启示

东亚地区农村金融服务主要是依托合作经济组织开展合作金融，其中日本农协①、韩国农协和我国台湾地区农会的合作金融发展较早，目前已建立了较为完善的农村合作金融体系。我国农业情况与日本、韩国十分相似，日、韩农协和我国台湾地区农会在发展合作金融方面的做法和经验，具有很好的借鉴意义。

一、日本

同中国情况相似，日本农业经济也属于小农经济，风险抵抗能力差、受自然灾害影响较大，一般商业性金融并不愿意涉及农业领域。因此，日本政府认识到要解决农业农村领域的金融需求问题不能单纯依靠商业金融，于是，他们吸收欧洲农村合作金融的经验，结合本土文化的特点，发展出具有自身特色的农村合作金融模式，为农民提供各类金融服务。

日本农村合作金融部门不是一个独立的板块，而是隶属于日本农协的一个拥有独立融资功能的部门，开展业务主要依托农协的组织架构来完成。所以，研究日本农村合作金融体系首先要了解日本最重要的农业合作组织——农协。1947 年日本政府以罗虚戴尔原则为基础，制定了《农业协同组合法》，

① 即农业协同组合，简称农协。

按照农民自愿、自主的原则，登记成立农协。日本农协采取三级组织体制，即在市、町、村设基层农协，在都、道、府、县以基层农协为团体组合员组成县级联合会，在中央以都、道、府、县级农协团体组合员组成全国联合会，从中央到地方建立了一整套严密的能够纳入全部农民的农协组织系统，覆盖了日本整个农村地区。农协的业务范围几乎涵盖了与农村经济和农民生活有关的一切事物，如农产品的生产、购销、信贷、保险、医疗卫生和文体活动等，是日本规模最大的合作组织。

（一）日本合作金融形式

日本农村合作金融体系作为农协的一个子系统，归农协组合员（即社员）所有，是一个由中央到地方具有融资功能的独立的信用合作体系，内部结构细致分明①。该模式是一个二重结构，依照行政区域的划分，在市町村、都道府县、全国三个层次分别设置了不同的机构：最高层的中央农林政策金融公库（中央）、第二层次的是信用农业协同联合会②（都道府县）以及第三层次的基层农协（市町村）（图 1）。农户通过自愿入股参加基层农协成为农协组合员，基层农协再通过入股的形式组建信农联，信农联又入股组成农林中央金库（图 1）。

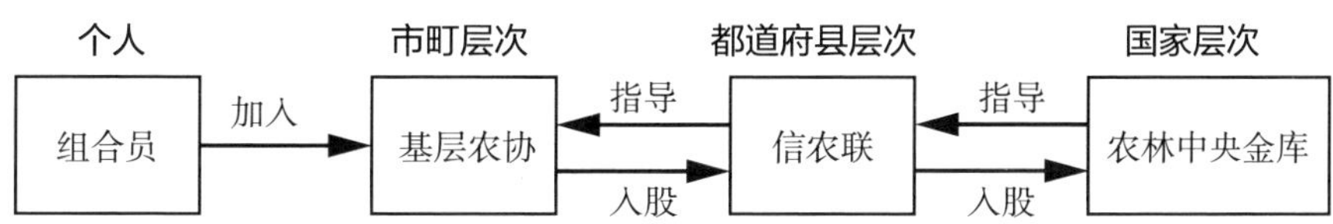

图 1　日本农村金融体系架构图

基层农协直接面向普通农户组合员，入股的主要是市、町、村的组合员，不以营利为目的，除了开展面向农村的综合服务外，还满足农协内部组合员的生产生活存贷款、保险等金融需求，直接与农业生产者发生信贷关系。基层农协的数量庞大，覆盖范围广泛。基层农协的最高权力和决策机构为组合

① 刘松涛，罗炜琳，王林萍，林丽琼．日本农村金融改革发展的经验及启示．亚太经济，2018，209（4）：57-66.

② 以下简称信农联。

员代表大会，按一人一票制的民主管理方式选举产生理事会和监事会，理事会的任务是按组合员代表大会的决议，领导并处理农协的日常工作，监事会的任务是对会计工作进行监督和检查。基层农协的金融服务主要包括：一是向组合员提供存款，通常存款利率高于其他银行（如地方银行和城市银行）；二是吸纳农民存款后，向资金短缺的组合员提供利率较低的贷款，组合员贷款不用担保，国家也会给予贷款利息补贴；三是在不损害组合员利益的前提下，向非组合员提供贷款，但是贷款的额度和比例有一定限制；四是经营结算业务和部分中间业务。基层农协的资金来源包括农协内部组合员储蓄、农协内部组合员的农产品销售款和农协分配的部分利润。在利益分配方面，农协纯利润的25%作为发展准备金，10%作为积累金，7%作为股金分红，45%返还给组合员，其余部分结转下年分配。按照农协的内部规定，基层农协的剩余资金中定期存款的30%和活期存款的15%要存入上级机构信农联①。

信农联是都、道、府、县一级农协中专门从事信贷业务的部门，是日本农村合作金融体系的中层机构，主要业务往来对象以基层农协为主，入股的是所属各基层综合农协和本地区农协的县一级其他事业联合会以及非农协的其他农业团体，在基层农协和农林中央金库间起桥梁纽带的作用。信农联的主要职责包括：一是通过办理存贷款业务来调剂各基层农协之间的资金余缺；二是在满足辖区内部的基层农协的资金需求后，经营一些周期较长、数额较大的农业贷款（通常用于满足农、林、渔业有关企业的金融需求），以弥补基层农协无法支持的贷款空缺；三是指导基层农协工作。与基层农协不同的是，根据日本《农业协同组合法》的规定，信农联不能兼营信用事业以外的保险等其他金融业务。信农联要将自身的剩余资金按照规定上缴农林中央金库，当其内部资金不足时也可向农林中央金库进行融资。

1923 年，根据《农林中央金库法》，由日本政府出资 20 亿日元，在中央设立了专门负责农村信用业务的农林中央金库。1959 年，农林中央金库偿还了政府出资，成为民办机构。农林中央金库相当于农村合作金融系统的“总行”，是农村合作金融体系中的最高机构，入股的是各地农业、渔业信用联合

---

① 刘洁，张洁．日本农村合作金融体系的构建及其对我国的启示．现代日本经济，2013（3）：29-36.

会、森林组合联合会以及其他有关的农林水产团体。农林中央金库的主要功能包括：一是在全国范围内对资金进行融通、清算，按照国家法令营运资金；二是协调各地信农联的资金调度，支持信农联的资金需求，向信农联提供金融咨询服务，并指导信农联工作；三是发行农林债券，吸收社会资金以供中长期贷款业务使用；四是向农、林、渔业相关大型企业发放贷款；五是向农村配套设施建设以及促进农村经济发展的公共团体发放贷款；六是办理国际结算业务和外汇经营业务。农林中央金库的资金来源主要包括各地信农联的存放资金、其他农林水产团体的上存资金和国家批准发行的农村债券等①。在满足信农联的资金需求后，也会向关联企业如生产化肥、农业机械等的大型企业发放贷款。

基层农协、信农联、农林中央金库三级机构虽是上下级关系，但只有经济上的往来，各为独立法人，实行独立核算、自主经营、自负盈亏，上一级对下一级组织的业务活动负有指导和监管责任，自下而上上存资金，自上而下融通资金②。

（二）日本合作金融特点

一是具有完整的合作金融组织体系。日本合作金融依附于日本农协存在，具有垂直严明的三级组织架构，各层级组织架构间有紧密的股权、业务和资金联系。通过这种垂直架构，不同层级向农业企业和农民提供不同的金融服务，满足他们的多样化资金需求，极大地激活了农村的发展活力。

二是组合员具有一人一票的表决权③。日本农村合作金融的主要经营业务以适应农协组合员的融资需求为主，金融服务对象基本上围绕农户和相关农业生产企业。根据合作制普遍原则，日本农村合作金融的正式组合员有选举权和被选举权，就合作金融相关事项表决时，组合员享有每人一票的表决权。为保证合作金融体系正常运行，根据权责对等的原则，正式组合员同样有负担出资和缴纳税款义务。正式组合员通常以农民为主，农民以外的当地居民

---

① 裴杰．日本农协对我国农村信用社改革的启示．当代经济，2017（3）：62-63.

② 彭安明．日本农村合作金融组织模式及经验借鉴．中国农村金融，2017（3）：92-94.

③ 陈颖瑛．日本及台湾地区农协（会）及合作金融发展情况对杭州市“三位一体”农合联改革的启示．金融经济，2018（8）：109-110.

也可加入农协，成为准组合员（人数与正式组合员相当），准组合员也同样有权利用合作金融服务满足自身金融需求，但没有表决权和选举权。

三是日本政府对农村合作金融给予优惠政策。日本政府在贷款利息和财税制度方面给予农协合作金融一定的政策倾斜。政府通过政策资金对合作金融的贷款予以一定的利息补贴，并对农村合作金融业务的营业税、所得税给予减免，农协各种税收均比其他法人纳税税率低 10%左右①。

四是严格控制金融风险。农村合作金融机构同样面临一般金融机构存在的系统性与区域性风险，因此，日本农协仿照商业银行建立了立体式的风险防控体系和针对农协存贷款业务的信用补全制度。针对存款业务风险，有存款保险制度、JA 银行（基层农协、信农联、农林中金）防止破产系统等，针对贷款业务风险，有农业信贷保证保险制度、农业共济制度、农协共济制度等。整套风险控制体系，既有政府强制规定参与的存款保险制度，也有农协系统之间相互援助的制度，还有政府直接出资参与建设的农业信用保证制度，从不同角度、不同层面防范了农协金融风险，保证了其稳健正常运行②。除此之外，农协与组合员联系特别紧密，对组合员的家庭情况、经济能力、信用状况、贷款需求知根知底，从源头大大降低了风险。

二、韩国

韩国农协是为适应韩国农业特征而发展的农业组织，自 1961 年由农业银行和旧农协合并至今，已经发展成为韩国体系完善、影响力强的农民合作组织。韩国农协建立的目的是，通过提高农业生产力和农民独立的合作组织，提高农民的经济社会地位，确保国家经济的均衡发展。农协开办多种涉农业务，包括农业指导、产品销售、农业生产资料供应等农业业务，主要事业部门有教育支援事业部、农产品流通事业部和金融事业部。韩国农村合作金融与日本类似，由农协的一个子事业部门——金融事业部负责。金融事业部分为面向市场的农协银行和面向农民的农协合作金融事业部两部分，其中，农

① 彭安明．日本农村合作金融组织模式及经验借鉴．中国农村金融，2017（3）：92-94.

② 温信祥．日本农村金融及其启示．北京：经济科学出版社，2014：77-79.

协银行把城市作为发展重心，逐渐往下开设分支机构［2012 年，农协银行从农协中央会（简称农协中央会）中分离，不过，分离后的农协银行，仍然由农协中央会控制，是农协中央会控股银行］；农协合作金融事业部把农村作为发展重心，主要筹集推进农业农村各项事业所需的资金和收益，为提高农业生产水平和改善家庭生活服务①。

（一）韩国合作金融形式

韩国合作金融体系是自 20 世纪 60 年代起初步发展起来的，并形成了自己的特色。该体系是一个由地方至中央组成的基本构架，分为两层：下层是设在乡镇的基层农协，上层是中央一级的农协中央会。农协中央会是以农协为组合员建立起来的全国性组织，在各地建立分支机构，为基层农协提供一站式、多样化的金融服务②。基层农协的信用部（合作金融部）实行认可制，只要是市场准入需要，并取得农林部长官的认可，就可以开展合作金融业务。主要业务是为组合员提供农业生产经营、日常生活急需的融资和其他金融服务，同时向农协中央会的合作金融部提交准备金。农协中央会和基层农协金融机构只占农村金融机构总数的 25%，却拥有高达 75%的资金，是农村金融业的主体③。农协中央会在市、郡（县）设立了 100 多个办事处，办事处下设的一级和次级网点分别有近 700 个和近 300 个；基层农协 1000 多个，下设网点 3000 多个。

农协中央会依法以设立公司的方式运行金融和经济事业，共设立了 21 家子公司，其中有 4 家金融子公司；4 家农产品流通中心，负责收购、储藏、保管、运输、配送、加工和向消费者提供安全新鲜的农产品；4 家农业生产材料公司，开展包装材料、肥料、农药等的生产制造；3 家专营饲料、畜产品和人参加工制作；还有支持农畜产品出口开拓海外市场的贸易公司、专营运输和配送的物流公司；从事传媒营销、设施、租车和劳务派遣业务的开发公司；

---

① 庞金波、陈慧芳、范琳琳、李玉．韩国农协合作金融事业对中国农民资金互助组织发展的启示．世界农业，2016（5）：176-180.

② 高强、张照新．日本、韩国及中国台湾信用合作运行模式、发展经验与启示．农业经济问题，2015（10）：89-96.

③ 谢树春．农村金融体系重构：一个文献综述．安徽财经大学博士论文，2015.

提供信息服务的信息系统，以及农协资产管理公司和农协经济研究所①。

基层农协在韩国农村合作金融发展过程中起到了重要作用，其合作金融业务在韩国农村金融业中占比最大，发展最快，所起的作用也最大，主要负责向组合员提供农业生产所需的贷款（通常为政策性贷款），以及为农业及与农业相关的项目提供融资，这些贷款和融资通常为各类低息政策性贷款，政府还会为其提供一定贷款补贴。基层农协发放贷款有 3 个特点：（1）凡是组合员，谁都可以加入金融组织和借贷使用资金；（2）基层农协还为不务农的普通居民提供金融服务，非组合员利用资金不得超出年间利用资金总额的三分之一；（3）合作金融受政策保护，享受政府的优惠政策；（4）合作金融的一切业务要通过农协中央会的合作金融特别会计开展，道支会和市、郡支部起中介作用。基层农协每年从储蓄额中提取 10%，交由农协中央会合作金融部作准备金。同时基层农协的合作金融存贷余额也交由农协中央会合作金融部负责运营，为基层农协赚取更多利润。

农协合作金融的资金主要来源有：（1）吸收组合员的存款；（2）邮政储蓄体系吸收的居民存款；（3）在金融市场上发行由政府担保的农业信贷债券所筹集的资金；（4）向政府和中央银行通过优惠利率获取的贷款；（5）向其他金融机构甚至外国金融机构通过普通利率获取的贷款。农协合作金融的发展为农业生产提供了充足的资金，使广大农民有条件接受和消化农业新技术，大大降低了农民和农业相关企业的融资和运作成本。同时，在保障农用物资如化肥农药的供给、保护农产品的价格、调整生产结构计划和农产品收购计划、革新农业技术、提高农业的生产水平、推广农业技术和提高农民的收入水平等方面，发挥了重大作用。合作金融事业部的信贷业务在韩国举足轻重，目前贷款规模在本国排名前二。合作金融事业部是农协的中坚力量，是盈利能力最强的部门，支撑着农协的组织运行，并为教育支援事业和流通事业提供资金支持②。在农协中央会如此，在基层农协亦如此。

---

① 杨团、孙炳耀．公法社团：中国三农改革的“顶层设计”路径——基于韩国农协的考察．探索与争鸣，2012（9）：38-43.

② 熊海斌，谢元态．合作金融融入农民合作社的理论与实践分析．世界农业，2017（8）：30-35.

（二）韩国合作金融特点

一是政府支持力度大。韩国政府在农协合作金融发展初期就开始进行有效引导，并一直给予各类优惠政策扶持，积极引导农协合作金融事业的扩大和发展。政府将卡片试验、发行支票、汇款等多项业务交由农协合作金融管理，帮助农协汇集资金、扩大规模，并给予合作金融事业多项税收优惠政策和利率政策扶持，提升农协合作金融的储蓄年息。出台各类优惠措施鼓励农民和企业在农协存款，扩大农协合作金融的资金来源。

二是风险控制体系日趋完善。20 世纪 90 年代，韩国金融危机期间很多企业都面临破产，韩国农协合作金融开设了一个针对存款人的保护制度，当农协出现破产状况时，帮助他们渡过难关。2000 年之后，韩国农协建立了合作金融的早期情报系统综合业务，一旦农协出现问题，就可以尽早知道并对其做出合并或人员重组等决策，大大降低了农协金融体系的系统性风险①。为推动农村金融发展，韩国建立了较为完善的农户信用体系，农户信用实现了档案化，还引进了 CSS 顾客信用分数评价系统，通过身份证识别来确定一个人的信用等级、可借款额度、借款利息等，并能够通过电脑终端直接查询。除此之外，韩国监督委员会委托韩国农协中央会一年内至少进行一次自我监督和管理，这也大大推动了农协合作金融事业内部监管体系的发展与完善。

三是金融服务逐渐向现代化方向发展。自 20 世纪 90 年代开始，韩国农协的各种金融设备逐渐向网上金融、电子金融等现代化方向发展。农协持续加大对合作金融事业的 IT 基础投资力度，包括对手机银行、网上银行、网上金融业务发展的投资。这些都提升了农协合作金融事业部的竞争力。

四是商业金融与合作金融逐渐分离。合作金融事业部和农协银行事业部都是农协的公益性金融机构。这类公益性金融机构，与追求股东收益和企业利益的其他商业金融机构不同，农协金融事业部通常会把经营金融业所筹集的资金和收益用来支援农业生产指导事业、农畜产品流通事业，并为低收入以及低信用的农民提供金融支援。2012 年，农协银行从农协中央会中分离出来，成为独立的商业银行，而农协中央会仅保留合作金融事业部分，这一战

① 庞金波，陈慧芳，范琳琳，李玉．韩国农协合作金融事业对中国农民资金互助组织发展的启示．世界农业，2016（5）：176-180.

略调整不仅仅使农协银行的竞争力得到提升，同时也使韩国农协中央会更加注重发展经济和教育支援事业，从而能够更好地为组合员服务。

三、我国台湾地区

我国台湾地区农会是农业者的公会，以专业农民为主要会员（即社员），兼具农政（农业行政）、农事（农业事业运营）、农推（农民教育推广）三大功能。下设农业推广、农业信用、农业运销机构，为农业谋改良，为农民谋福利，为农村谋发展。我国台湾地区的农村合作金融开始较早，合作金融体系是在改革中不断发展完善的。20 世纪末，受金融自由化和亚洲金融危机的双重影响，我国台湾地区农村金融机构经营困难，农村合作金融供需矛盾突出。为此，我国台湾地区对农村金融进行了大规模的整顿和改革，2004 年，我国台湾地区出台实施了“农业金融法”，并在此基础上，出台了一系列涉及农村金融建设发展的配套规定，形成了相对完善的农村金融法规体系①。经过十余年的改革，我国台湾地区逐步建立起一套相对独立的农村合作金融体系框架，对农业和农村发展起到了重要作用②。

（一）我国台湾地区合作金融形式

我国台湾地区合作金融体系形成了以农业金库为上层机构，对农会、渔会信用部进行独立、垂直管理；以农（渔）会信用部为基层机构的垂直合作金融业务支持和管理体系③。农（渔）会信用部和农业金库是合作金融体系的支柱，两者在合作金融体系中虽然组织性质不同，但服务宗旨和服务对象明确，在运作过程中相辅相成、功能互补，是我国台湾地区农业金融的重要力量。

农业金库是我国台湾地区农村金融改革的产物。20 世纪 90 年代，我国台湾地区农业基层金融因坏账发生危机，为解决坏账危机，当地将农业金融与

① 赵旭宏．我国台湾地区农村金融体系的构建及启示．农村金融研究，2016（6）：32-35.

② 李元．我国农村合作金融问题研究．中共中央党校博士论文，2017.

③ 陈颖瑛．日本及台湾地区农协（会）及合作金融发展情况对杭州市“三位一体”农合联改革的启示．金融经济，2018（8）：109-110.

地方金融相分离，于2005年成立了农业金库。农业金库的股权与治理结构主要借鉴了日本农林中央金库模式，其主管机关为“行政院农业委员会”农业金融局。作为各基层农（渔）会信用部的母库和上级领导机构，农业金库不以营利为目的，负责辅导基层农（渔）会信用部业务发展，办理农、林、渔、牧融资和稳定农村金融等。辅导基层农（渔）会信用部业务发展主要包括：①一般性辅导，协助农、渔会业务发展，提升经营绩效，降低其不良贷款率；②专案辅导，对经营较差的信用部实行有针对性的更加严厉的专门辅导，提升资产质量，改善财务结构，降低不良贷款率；③业务拓展辅导，受托代管农业发展基金贷款，辅导信用部办理各项政策性专案农贷，推动百亿联贷计划，整合代理业务包括代收国民年金保险费、代收信用卡款、代收电信费等[①]；④在一些服务空白地区辅导重设信用部，帮助其拓展业务。此外，农业金库还开展农业专案融资等政策性业务。

基层农（渔）会下设的信用部是农会合作金融的基层机构，信用部下设多个分支机构，这些信用机构遍及我国台湾地区农村的各个角落。在办理农业金融业务，配合农渔民融资需求，提供小额贷款以带动农渔村经济发展等方面，作出了重要贡献。基层农（渔）会信用部提供的贷款主要有一般农业贷款和专案贷款。一般贷款主要是为基层农（渔）会信用部的自营性贷款，专案贷款则是代替政府为农户提供的低息政策性贷款。基层农（渔）会信用部不以追求高利润为目的，服务的主要对象是社员，也可满足一小部分非社员的资金服务，开展的主要业务与普通商业银行服务业务大致相同，包括存贷款等金融服务、金融保险和部分代理业务等，在资金支持、农村金融发展方面扮演着不可缺少的角色，发挥了重要作用。

（二）我国台湾地区合作金融特点

一是贷款锁定在会员之间，具有封闭性。农会信用部采用“广存专贷”方式，信用部的存款可来自农会会员、赞助会员和其他团体、机关，但放款贷款却仅仅限于农会会员，而且都是小额放款，有严格的封闭性。

二是贷款利率低廉，还款方式灵活。农会信用部金融服务针对性强，贷

---

① 孙若祎、林丽琼、欧聪丽、徐枭．台湾农业金库对农渔会信用部的支持分析．福建农林大学学报（哲学社会科学版），2014，17（6）：84-87.

款利率极低，信贷担保方式以信用为主，还款方式灵活，期限相对较长，基本采用按揭式分期偿还。比如，农业发展基金通过农会向农会会员发放的“事业发展贷款”，贷款年息率非常低，还可分期进行偿还，大大降低了农民和农业企业的融资成本。

三是防控风险能力强。为严控金融风险，我国台湾地区农会成立了专门的农业贷款担保机构，设立了相互援助制度和信息采集制度。比如，成立财团法人农业信用保证基金，并建立专门的管理机构，为担保不足或担保困难的农（渔）民作担保①。农业金库则承担了资金援助职能，当基层农会信用部出现经营困难，可通过农业金库获得一定的低息贷款，帮助其渡过难关。此外，我国台湾地区农会对其会员的信息采集十分详尽，对其家庭还款能力、贷款用途、信用评价等都有评估，从源头上降低了农会贷款风险，有的农会信用部不良贷款率仅有0.04%。

四、东亚地区合作金融发展的启示

（一）以服务农业农民为宗旨

日、韩农协和我国台湾地区农会几十年来始终坚持服务农民和农业生产的宗旨，不以营利最大化为目的，积极发展普惠金融。农协（农会）的贷款对象主要是组合员（会员），大部分资金实现了在农协（农会）内部的流通，做到了取之于组合员（会员）、用之于组合员（会员），在农业现代化、机械化发展中发挥了重要作用。我国农村合作金融的发展，必须以服务“三农”为宗旨，把资金主要用于农业发展和农民的生产生活，用于农村经济发展，尤其是优先用于为社员服务，实行封闭式、社员制管理，在满足社员服务的前提下，向非社员提供小额融资服务。

（二）发展合作金融要与其他经营服务有机结合

金融是经济的血脉，为实体经济服务是金融的天职，是金融的宗旨。在日韩两国，合作金融事业都是农协盈利能力最强的业务板块，一直以来主要

① 叶志英．台湾现代农业发展的经验与启示．新农村，2016（7）：34-35.

为支持农协本身及其实体业务而发展，为农村推广、农产品流通、教育培训和其他服务事业提供资金支持，为落实政府支农惠农资金提供了平台，充分保障了农协为农服务的顺利开展。我国发展农村合作金融应借鉴日、韩经验，将发展合作金融与发展农村产业、流通和社会化服务等结合起来，引导金融回归本源，服务农村实体经济发展，实现金融和实体经济相互匹配、相互促进、共同发展。

（三）发展农村合作金融需要有效的依托主体

日、韩两国农村合作金融的发展，主要依托于具有完整组织体系和综合服务功能的农协系统，具有浓厚的政府支持背景，我国台湾地区农会也基本如此。我国大陆地区农村合作金融过去主要依托信用社，现在已经基本改成了商业银行，合作金融的特征几乎不复存在。近年来，国家支持农民合作社在内部发展资金互助业务，类似日、韩农协合作金融事业部，但单个合作社规模小、经营业务单一、抗风险能力差，缺乏系统组织和监管优势，容易出现金融风险，因此各地对合作社开展资金互助比较谨慎。从目前我国农村实际来看，供销社具有与日、韩农协相似的完整的组织体系，经营业务多元，完全有条件在系统内部把合作金融做起来，建立内嵌于供销社系统、生产供销信用“三位一体”的合作金融组织体系。

（四）建立健全风险防控体系，严控金融风险

金融风险具有隐蔽性、传染性，不管是日、韩农协还是我国台湾地区农会，在发展合作金融时，都高度重视建立完善的风险防范制度。目前，我国农户总体抗风险能力比较差，风险意识不强，农村金融特别是合作金融风险防范制度还不健全。借鉴日、韩和我国台湾地区经验，结合我国大陆地区农村合作金融发展的实际，应加快建立全方位、多层次的风险防范制度。比如，建立针对农村合作金融机构的存款保险公司，按比例缴纳保证金，该公司不以营利为目的，向经营出现问题的农村合作金融机构提供援助；或者建立农业信贷担保制度，为农村合作金融机构提供担保服务等。同时，还要加强农村合作金融机构经营风险的监测、预防、救助体系建设，一方面应明确各级合作金融机构的监管责任，确保对合作金融机构的指导、监督到位；另一方面应建立行业自律管理机构，与相关监管部门合作，规范合作金融组织的发展，保障农村合作金融持续稳健运行。

（五）完善相关法律和政策，加强政策扶持

日、韩农协合作金融业务能够遍布全国，为农业现代化提供强有力的支持，与政府的大力支持及其健全的法律保障体系密不可分。我国政府对“三农”问题一直都高度重视，出台了一系列强农惠农富农政策，对农村合作金融发展也给予了政策支持。但与日、韩相比，政府对合作金融发展的政策支持还不够，相关的法律法规还不健全。借鉴日、韩经验，应抓紧完善相关法律法规，从法律层面来明确农村合作金融的法律地位，制定农村合作金融的相关运管制度，使农村合作金融真正有法可依。加大政策支持力度，在减免税负、利息补贴、利率优惠等方面为农村合作金融的发展提供支持，促进农村合作金融健康稳定发展。

第五章　供销合作社金融服务开展情况

中发 11 号文件要求供销合作社稳步开展农村合作金融服务。文件指出，发展农村合作金融，是解决农民融资难问题的重要途径，是合作经济组织增强服务功能、提升服务实力的现实需要。有条件的供销合作社要按照社员制、封闭性原则，在不对外吸储放贷、不支付固定回报的前提下，发展农村资金互助合作。有条件的供销合作社可依法设立农村互助合作保险组织，开展互助保险业务。允许符合条件的供销合作社企业依照法定程序开展发起设立中小型银行试点，增强为农服务能力。鼓励有条件的供销合作社设立融资租赁公司、小额贷款公司、融资性担保公司，与地方财政共同出资设立担保公司。供销合作社联合社、金融监管部门和地方政府要按照职责分工，承担起监管职责和风险处置责任，切实防范和化解金融风险。

开展农村金融服务，是中发 11 号文件对于供销合作社的明确要求，也是供销合作社深化综合改革，推进生产、供销、信用“三位一体”综合合作，服务乡村振兴战略的现实选择和必由之路。近年来，各地供销合作社围绕农民生产生活需求，在农民信用互助合作，参股组建中小型银行、村镇银行，设立合作发展基金，发展融资租赁公司、小额贷款公司，开展融资担保服务和涉农保险等方面对农村金融业务进行了积极探索，在服务乡村振兴中取得了积极成效。

一、总体情况

截至 2018 年 9 月，全系统共有各类资金互助组织 745 家，互助资金余额 124.2 亿元，贷款余额 98.6 亿元；参股中小银行、参与组建村镇银行 28 家，涉农贷款余额 453.3 亿元；小额贷款公司 58 家，涉农贷款余额 72 亿元；融资担保公司 47 家，涉农担保额 430.7 亿元；各类基金 142 只，基金管理公司 15 家，基金认缴总规模 184.4 亿元，到位资金 152.9 亿元。此外，还有保险公司 1 家，租赁公司 12 家，典当 27 家，互联网借贷公司 7 家。

（一）资金互助组织

全系统 745 个资金互助组织中，以专业合作社形式存在的有 540 家，以资金互助社或供销合作社、农民专业合作社内部资金互助形式存在的有 205 家。在县级区域开展经营业务的有 180 家，在乡镇区域开展经营业务的有 343 家，在村开展经营业务的有 222 家。有 5 家经银保监会批准成立，有 473 家经地方政府批准成立，有 260 家未履行审批手续。有 522 家取得工商登记，有 131 家在民政部门登记，有 92 家未登记。供销合作社有股权的有 476 家，其中有 20%以上股权比例的有 356 家。共有入社社员 451156 人，其中 100 人以下的 360 家，100 至 200 人的 143 家，200 人以上的 242 家。互助金规模在 1000 万元以下的 588 家，1000 万元至 1 亿元的 124 家，1 亿元以上的 33 家。从分布地区看，山东、贵州、浙江三地数量最多。

（二）银行

全系统共参股中小银行 19 家，参与组建村镇银行 9 家。中小银行中，城市商业银行 2 家，农村商业银行 17 家。地市级 8 家，县级 9 家。参股银行中，股权比例在 5%以上的 13 家，1%以下的 4 家。参股的中小银行和组建的村镇银行，上一年度贷款总额 1637 亿元，涉农贷款余额 453.3 亿元。从分布地区看，浙江省参股银行最多，为 9 家。

（三）基金

全系统共设立基金 142 只，其中合作发展基金有 94 只。基金总规模 184.4 亿元，其中 1 亿元以上的基金 28 只。从基金构成看，供销合作社出资

71.9 亿元，财政资金 24.4 亿元。从资金投向看，以投向系统内为主。从资金使用方式看，主要采取股权投资方式的有 97 家，主要采取债权投资方式的有 26 家，主要采取无偿补助或者以奖代补方式的有 19 家。

（四）融资担保公司

全系统共组建融资担保公司 47 家，共为 12177 个新型农业经营主体、21243 户农户提供担保服务，累计担保额为 430.69 亿元。从分布地区看，浙江省组建融资担保公司最多，为 33 家。

（五）小额贷款公司

全系统小额贷款公司中，供销合作社持股比例在 50%以上的 30 家，33%至 50%的 13 家。贷款余额在 1 亿元以上的 28 家，1000 万元至 1 亿元的 20 家，1000 万元以下的 10 家。平均贷款利率 15%以上的 31 家，10%至 15%的 19 家。从贷款逾期率看，超过 10%以上的 24 家，2%至 10%的 8 家。从分布地区看，北京、江苏、浙江、安徽和贵州等地发展小额贷款公司数量最多，共 27 家。

（六）与金融机构合作开展普惠金融情况

与银行合作开展累计发放银行卡 375.97 万张，存款余额 211.69 亿元，中间业务收入 476.05 万元，与银行合作为农民发放贷款 86.32 亿元。其中湖北省社通过与建设银行合作代发裕龙卡，形成存款约 200 亿元，河北省社通过“政银企户保”已累计发放贷款 80 亿元。河南省与保险公司合作开展涉农保险累计保险金额 48.3 亿元。

（七）其他类金融机构

系统共有互联网借贷服务（P2P）平台 7 家、典当公司 27 家、租赁公司 12 家。

二、各地开展金融服务的主要做法

近年来，各地供销合作社深入贯彻落实 2015 年中发 11 号文件精神，扎实推进供销合作社综合改革，通过开展不同形式的农村金融服务，充分发挥金融的助推作用，切实提高供销合作社为农服务能力，在打通金融为农服务

“最后一公里”方面做出了有益探索。

（一）开展信用互助合作

由于成本高、风险大、回报小等因素，农村地区、城乡贫困群体和小微企业常常被传统金融机构忽视，无法享受便捷高效的金融服务，生产生活融资需求难以得到满足。为了改善经济条件和经营状况、获取便利的融资服务，一些个人或企业按照合作制原则联合起来，成立资金互助组织，在组织内部为社员提供资金融通等服务。资金互助组织加入自愿、退出自由，利益共享、风险共担，民主决策、共同管理，是“金融弱势群体”自我联合、自我发展的有效途径，是传统金融体系的有益补充。资金互助组织不以营利为目的，但也不等同于慈善组织，它有着公共积累、按股分红和按交易额返还盈利等合理的收益分配机制，能够有效地帮助贫困群体脱贫，是构建和谐社会的重要推动力。供销合作社系统组织开展信用互助合作，主要有以下两种方式：

1. 成立农村资金互助社，为社员提供资金调节服务

成立农村资金互助社首先需要银保监会批准，其次成立条件较高，目前全国只批准了 45 家，供销合作社占 8 家。此外，浙江省的资金互助会、贵州省供销合作社的资金服务部与农村资金互助社的作用、性质相似，其监管主体明确，在工商或民政部门完成了注册登记，并按照会员制、封闭性的原则开展资金互助调剂。截至目前，浙江各地均已制定出台了相应的农民资金互助会管理和配套的监管办法，2018 年直接发放金额 5. 58 亿元。

2. 合作社内部资金互助，在社员之间办理短期小额资金互助业务

合作社内部资金互助是在农民专业合作社的基础上，由社员自愿入股成立资金互助组织，在社员内部开展资金调剂，服务社员生产生活资金需求的资金互助形式。目前，山东全省供销合作社系统规范开展信用互助业务的合作社有 270 家，其中获得金融办农民专业合作社信用互助业务试点资格认定的有 189 家。

（二）开展商业性金融服务

《中国银监会办公厅关于做好 2014 年农村金融服务工作的通知》强调，增强农村中小金融机构支农服务功能，更好发挥支农服务主力军作用。2015 年，《中国银保监会农村中小金融机构行政许可事项实施办法》颁布实施。

2017 年中央一号文件指出，支持农村商业银行、农村合作银行、村镇银行等农村中小金融机构立足县域，加大服务“三农”力度，健全内部控制和风险管理制度。近年来，各地供销合作社紧抓国家支持成立农村中小金融机构的契机，积极参与农村信用社改革，发起设立村镇银行和小额贷款公司，与商业银行合作开展普惠金融服务。

1. 参与组建中小型银行

参与组建中小型银行不仅可以获得一定的经济收益、降低融资成本，还可以优化产业资本和金融资本的结合模式，实现金融对供销合作社系统产业规模化、集约化经营的有力支持，促进主业发展。截至目前，全国供销系统共参股中小银行、参与组建村镇银行 28 家，涉农贷款余额 453 亿元。例如，贵州省社和贵州省修文县社分别参与了贵州普定商业银行和贵州修文商业银行的改制，参股比例都在 10%左右，是第一大股东。浙江省社直属企业发起成立浙江桐庐恒丰村镇银行，参股比例 11%，2017 年支农贷款余额 11.5 亿元，为助推当地农业发展作出了积极贡献。湖北合作投资集团投资 1.1 亿元收购汉口银行 3000 万股股权，三年来，投资集团共收到汉口银行分配的股息红利 810 万元，未分配股权溢价 2189.55 万元。目前，汉口银行对湖北省供销合作社省本级企业授信已达单个集团授信 25 亿元上限，仅投资集团自入股以来就新增 10 亿元长期贷款，汉口银行已成为投资集团的最大贷款银行。

2. 发展小额贷款公司

小额贷款公司能够满足农业新型经营主体和农户“小、急、频、快”的资金需求，解决商业金融抵押难、门槛高、手续烦锁的问题。供销合作社发展小额贷款公司，能够充分发挥与农民的密切联系，利用社员相互熟悉的熟人优势解决信息不对称的问题，降低交易成本和风险，从而在解决“融资难、融资贵”方面具有独特优势。例如，辽宁省大连市供销合作社成立了大连中合汇鑫小额贷款有限公司，重点支持具有示范作用的龙头企业和农民专业合作社，2017 年全年累计发放贷款 2.24 亿元。重庆市农信公司所属的小额贷款公司采取信用贷款、保证贷款、抵押贷款（包括生物资产和生产设施设备担保）三种方式，向农民合作社提供 1 年期以内，单笔不超过 200 万元的信贷服务，较好地满足了农民合作社短期、小额、灵活、高效的融资需求，取得了积极成效。

3. 与商业银行开展普惠金融服务

供销合作社长期扎根农村，渠道健全，网络完善，通过与商业银行等金融机构合作开展普惠金融服务，能够有效结合供销合作社的组织体系优势、信息对称优势、传统品牌优势、产业整合优势和金融机构的资金优势，将资金有效投向新型农业经营主体和农户，促进其生产发展。例如，河南省供销合作社先后与省级商业银行等签订框架协议，为系统企业提供全方位金融平台服务。湖北省供销合作社与中国建设银行湖北省分行联合实施“裕农通”助农金融服务项目，让农民足不出户就能享受到小额存取款、转账、银行卡余额查询、缴费等基本金融服务。截至 2018 年 8 月 31 日，全省已累计发放“裕龙卡”304 万张，存款余额预计约为 200 亿元，注册“裕农通”村口银行服务网点 11728 家，服务农村客户 182 万户，实现累计交易额 9169.4 万元。

（三）开展融资担保服务

供销合作社通过开展融资担保业务参与农村金融服务，为农民及涉农小微企业担保增信，解决其抵押品不足、贷款难等问题，可以引导更多金融资源配置到供销合作社系统发展的重点领域和薄弱环节，更好满足供销合作社综合改革的金融需求，提高金融服务系统发展的能力和水平。目前主要有两种形式：

1. 整合系统资源，与社会资本联合成立融资性担保公司

融资性担保公司通过信用担保和投资等经济手段，开展贷款担保、票据承兑担保、贸易融资担保、项目融资担保、信用担保等业务，通过与银行合作，为农户、农民专业合作社、农业产业化建设项目从银行取得贷款提供担保，解决中小企业担保难、贷款难的问题。例如，河南省供销合作社全资成立了河南省豫合投资担保有限公司，先后获得农发行、交通银行等多家银行累计 9.5 亿元的担保授信额度，为系统内外中小企业提供了贷款担保，截至 2018 年 8 月底，累计完成投资担保总额 7600 万元。

2. 与政策性融资担保公司进行合作

政策性融资担保公司能够更好发挥担保和财政资金的作用，将更多金融活水引入农业农村发展领域，推动农业生产结构调整和农业适度规模经营。

通过与政策性融资担保公司合作，能够有效解决有资金需求而自身条件不足的企业的贷款需求，大力支持供销合作社产业发展。例如，辽宁省社引入了省农业信贷担保有限公司，并积极与省农担公司、金融机构对接，成立了“辽宁省供销社金融支持项目推进小组”，制定了辽宁省供销合作社金融支持项目发展总体方案。内蒙古自治区赤峰市供销合作社通过“政银担”模式，由政府为供销合作社下属鹏途牧业发展有限公司及牧民提供风险补偿金，财信担保公司为符合条件的贫困户和新型经营主体提供融资担保，农行按不超过政府设立的“风险资金池”10 倍为符合条件的农户投放贷款，有效解决了农户开展养殖的资金缺乏问题，使供销合作社企业实现了快速发展。

（四）设立合作发展基金

合作发展基金是指以各级供销合作社出资为基础，联合财政资金、社会资本等共同设立，主要用于推动供销合作社改革发展、服务乡村振兴战略的资金集合，包括按照合作制组建的发展基金和按市场化运作的股权投资基金。近年来，各地按照中发 11 号文件要求，积极探索设立多种形式的合作发展基金。总社在广泛征求系统意见建议的基础上，研究制定了《供销合作社合作发展基金管理暂行办法》，完善合作发展基金运行管理方式，指导系统加快设立合作发展基金，确保出资成员权责明确，基金运行公开透明、规范高效。

从实践看，各地供销合作社积极探索，主要采取争取财政资金支持，采取股权投资的形式设立基金。例如，陕西供销合作发展基金成立于 2015 年 12 月 24 日，基金总规模 10 亿元，主要投向供销合作系统领域内涉农企业、产业扶贫类及其他战略新兴产业。基金由专门的管理公司负责日常运营管理，并设置投资决策委员会对项目进行审定决策。基金成立以来运营状况良好，截至 2018 年 7 月底，共投资决策 20 个项目，投资金额 3.6 亿元人民币。上海供销合作发展基金规模初定 5 亿元，在性质上属于产业引导基金，采取市场化运作，主要采用股权和项目投资方式，并设计了“跟投”路径，以确保基金与被投资方利益和动机一致。基金投向上以服务“三农”、助力供销合作事业发展的项目为主，优先支持上海新农村流通服务网络建设工程项目。

（五）探索涉农保险

保险作为风险管理的基本手段，具有经济补偿、资金融通和社会管理功能。近年来，一些地方供销合作社在系统原来开展安全统筹工作的基础上，积极探索与保险公司合作，开展涉农保险业务，为系统内新型经营主体和农户的生产经营活动提供了更多保障。

1. 做好安全统筹

供销合作社系统的安全统筹主要以省为单位，通过联合合作，向系统内符合条件的有关单位归集统筹金（相当于保费），并按一定比例分配给省、市、县社，发生赔付时，由省、市、县按此比例进行赔付。安全统筹服务的对象主要是供销合作社企事业单位、领办创办的农民合作社，以及这些单位的员工及家属。险种主要有社有财产险、车险、团体人身险和特色农业保险等。目前，河北、山东、河南等地开展基础较好。其中，河北省累计保费收入 4.33 亿元，提供 941.3 亿元风险保障，赔付 1.97 亿元；山东省累计保费收入 5.6 亿元，赔付 2.2 亿元；河南省累计保费收入 1.3 亿元，赔付 1.2 亿元。河北、山东等地供销合作社还在安全统筹业务的基础上，争取政府财政支持，引导系统内农民专业合作社通过互助合作等方式开展种植大棚、农业特色保险等业务。

2. 开展农业保险代理

供销合作社开展农业保险代理业务，不仅可以为系统经营业务提供保险保障，防范自然灾害、市场价格波动等风险，还能为系统内经营主体增信，降低其向金融机构的融资难度；同时，可以在保险代理过程中探索开发适合系统产业发展需要的针对性特色保险产品，为供销系统产业发展提供更加精准的保障。2016 年，广西壮族自治区供销合作社选定南宁市社、贵港市社分别开展三农金融服务室和惠农风险保障服务试点，经过两年多的探索取得了较大成效。在前期成功探索的基础上，区社与自治区政府金融部门进行了有效沟通协调，专门下发《关于做好惠农风险保障服务试点工作的通知》，指导加快推进惠农保险服务。

第六章　供销合作社开展农村金融服务的路径选择

近年来，各地供销合作社按照中央要求和总社统一部署，开展了多种形式的金融服务，但从整体来看，金融服务的规模还比较小，水平还比较低，难以适应“三农”工作和自身发展的需要。造成这些问题的原因是多方面的，其中很重要的一方面，是供销合作社金融服务起步较晚，还处于探索、试点阶段，缺乏系统设计和整体规划。在这样的背景下，有必要开展供销合作社农村金融服务的规划研究，加强对系统金融服务开展的指导。

一、供销合作社开展农村金融服务的理论研究

王曙光认为，供销合作社参与新型合作金融发展，对于我国农村金融发展、农业经济转型和农村经济增长意义重大，并且指出有以下几种路径选择：

(1) 中介代理型，即银行与供销合作社开展合作，这是最方便也是最节省成本的路径选择，与农村信用社、农村合作银行、农村商业银行以及其他股份制商业银行和国有商业银行合作，作为这些机构的代理机构，对接农村中的各类资金需求者。这样可以实现供销合作社与这些银行的强强联合，优势互补，形成共赢的委托代理关系。农村信用社等金融机构的优势是经营、管理以及资金优势，然而它们大多在县和县以下（尤其是村镇一级），没有完善的网点配置，而供销合作社有完备的全国性的乡村网点，并且拥有大量的覆盖各个产业层级的客户资源，可以有效开展供应链金融，正好弥补农村信

用社和其他银行的不足。作为中介，供销合作社体系不必承担过多的金融风险，其支持农村金融发展的组织成本、资金成本、人力成本都很低，是目前最便捷的路径选择。

（2）合作参与型，即参股各类已经存在的农村金融组织，如村镇银行、小额贷款机构、担保公司、融资租赁公司等。供销合作社作为参股方，没有必要建立全国网络，可以在参股的各金融机构之间建立松散型的合作关系，机构间各自独立，内部以股权为纽带，以规范化的内部治理保障金融机构的运营。这种路径选择的成本低，风险相对较小。

（3）领衔发起型，即供销合作社可以作为发起方和控股方领衔发起各类农村金融组织，如农村资金互助组织、村镇银行等，由于是发起方和控股方，因此可以考虑建立比较紧密的网络关系，甚至可以建立全国性的监督体系和自律体系，来统一管理监督发起的各类金融机构。

（4）统筹整合型，即统筹整合基于合作社内部的合作金融组织，在条件具备的情况下可以建立全国性的合作社银行，并建立完善的层级关系和监督体系。这是一个大一统的模式，必须构建一个“全国—省—市、县—基层”的四级合作社银行监督和自律体系。这个路径选择的成本最高，对供销合作社的顶层设计能力、组织能力、人才储备、资金动员能力、与基层社的紧密关联度等都提出了极高的要求。这是远景，是最终目标，既要积极筹备和争取，又要循序渐进，切忌盲目跃进，急于求成，而要谨慎筹划，稳健推进①。

徐祥临认为，农村金融体制改革四十年的基本走向是构建商业性金融机构。现在看来，商业金融机构在农村开展贷款业务经营成本高、风险大、效益低，无法满足以小农户为主体的农村资金需求，还要回归到合作金融本源上来。供销合作社发展合作金融，应该把发展“三位一体”综合合作作为解决农村金融问题的路径选择。“三位一体”综合合作体系，与流行多年的“公司+农户”模式相比，能够有效地保护农户利益，各个环节的经营利润由农户充分分享，同时与农民专业合作社相比，有信用和保险部门的强有力支撑，可大大增强经营的稳定性。因此，必须将生产合作、供销合作、信用合作有

① 王曙光．中国方略．中国发展出版社，2017.

机融合到一起①。

何广文认为，供销合作社应构建一个可持续的普惠金融体系，所有的金融服务要围绕农户、农村新型经营主体和城乡的小微企业来进行。供销合作社系统开展金融服务，关键在于机制的确立。要建立一种服务农户、服务小微、服务新型经营主体的机制，这种机制应克服正规的商业金融机构或者大型商业金融忽视、排斥这些群体的三个障碍：信息障碍、担保障碍、成本障碍。此外，农户、小微企业需要的不仅仅是资金，还需要技术培训、市场培育、创业指导，包括信贷服务在内的各种金融服务以及非金融服务，这也是供销合作社应着力解决的②。

仝志辉认为，“新型农业经营体系”的实质在于推进农民合作的“三位一体”综合合作体系，而推进“三位一体”的动力与路径又分为两条：一是确立促进“三位一体”合作体系作为供销社综合改革核心内涵；二是充分发挥合作金融引领作用，推动综合改革。概言之，围绕农民的生产合作，发挥供销合作社综合改革的驱动作用和合作金融的引领作用③。

叶梦琪对供销合作社参与农村金融的路径选择进行分析，并提出四点建议：①针对各地不同情况，分层次、分模式地参与农村金融。②善于抓住机遇，争取更多有关部门的支持。③建立科学、完善的管理制度和风险控制体系。④加强与其他机构的合作④。

二、农村信用社和邮储银行的实践经验

合作金融从实践看，前期农村信用合作社已经做了探索。新中国成立之初，我国把生产合作社、供销合作社、信用合作社作为发展农村经济的“三驾马车”。设立之初，农村信用社的宗旨是“农民在资金上互帮互助”，主要

① 徐祥临．乡村振兴呼唤合作金融发展壮大．中国合作经济，2011（1）：44-46.

② 何广文．供销合作社参与农村金融的机会与模式选择．深化供销合作社综合改革高端论坛，2015.

③ 仝志辉．农民合作新路：构建“三位一体”综合合作体系．中国社会科学出版社，2016.

④ 叶梦琪．供销社参与农村金融的路径选择研究．农村经济与科技，2012（23 卷 4 期）：58-59.

任务是组织和调节农村资金，支持农业生产和农村综合发展，支持各种形式的合作经济和社员家庭经济。在很长一个时期内，农村信用社与供销合作社都走过一样曲折的发展道路。1978 年改革开放后，农村信用社由农业银行托管，在人事、业务、财务等方面逐步向商业银行发展，偏离了合作金融的轨道。20 世纪 90 年代初，农村信用社和农业银行分离，国务院明确提出要把农村信用社改革成为合作金融组织，但由于管理体制和运行机制的双重问题，出现了资产质量差、历史包袱沉重、潜在风险较大等问题，部分农村信用社甚至资不抵债，濒临破产。2003 年开始，国家开始深化农村信用社改革试点，这次改革明确农村信用社可以选择股份制、股份合作制、合作制三种产权制度，农村商业银行、农村合作银行、县（市）统一法人和县乡两级法人四种组织形式。通过改革，农村信用社资产质量明显改善，盈利能力逐步增强，但许多深层次问题一直没有得到解决。一是背离了合作制和支农初衷。农村信用社贷款利率趋于上限且上浮幅度超过商业银行，其支农行为在更大层面上是商业化的，而不是合作制的，不能真正缓解社员和农户的资金需求。二是法人治理结构不完善。大多农村信用社实行多级法人体制，管理成本高，创新能力弱，人才、信息、技术、管理不到位，内部控制和外部干预并存，削弱了农村信用社的竞争力。三是缺乏龙头和顶层设计。由于中央一级没有总社给予指导，各地改革自行其是，没有形成全国性的农商总行。在顶层设计不足、法人治理结构不完善、内部人控制严重的情况下，农村信用社的发展愈加偏离合作金融目标，背离了合作制和支农初衷，即使是用于农业的贷款，也是商业化的，无法真正缓解社员和农户的资金需求。2012 年，银监会提出了将农村信用社逐步改制为农村商业银行的目标。农村信用社与合作制渐行渐远，服务“三农”从有心无力到有力无心，职责定位逐步弱化、异化。

农村信用社的发展历程表明，发展合作金融，既需要以覆盖广泛、内部合作的信用合作组织为基础，也需要一个实力雄厚、市场运作的商业金融机构为支撑，二者缺一不可。农村信用社发展的前期，主要缺乏统一上下贯通的金融机构为统领，存在多级法人主体，各个农村信用社独自为战，无论是内部治理还是风险防控都难以适应市场经济需要。而到了发展后期，又转向纯商业机构，抛弃了合作制的基本原则，与农民渐行渐远。

邮储银行作为一个依托自身组织体系而组建的金融机构，其发展历程同样值得供销合作社开展金融服务借鉴。邮储银行的前身可追溯到1919年开办的邮政储金局。新中国成立后很长一段时间内邮政储蓄被停办。1986年，中央财经领导小组办公会决定邮政部门恢复代办储蓄业务，先是在12个城市开展，之后全面铺开，当年存款余额就达到5.64亿元，占市场0.4%，其中65%来自农村。这一时期，邮政储蓄吸收的存款全部缴存中国人民银行，由中国人民银行给予一定代办手续费。1990年，邮政储蓄由代办改为自办，存款全额转存中国人民银行，主要依靠存款转存利差作为自身的盈利收入。1995年，存款余额突破1000亿元，市场占有率达5.45%。这种赚取利息差额的盈利模式给中国人民银行造成极大的负担。1999年，温家宝副总理主持会议，研究邮政储蓄汇兑体制改革，要求中国人民银行抓紧拟定邮政储蓄银行章程。2003年8月1日，邮政储蓄存款实行新老划段，此后新增的储蓄存款不再转存中国人民银行，邮政储蓄机构可从事债券投资和协议存款业务，标志着邮政储蓄开始资产业务的市场化经营与管理。2005年7月，国务院常务会议批准《邮政体制改革方案》，邮政储蓄银行进入正式筹备成立阶段。2007年3月20日，中国邮政储蓄银行正式揭牌成立，开始独立化的商业银行运营。

分析邮政储蓄银行的发展历程，有两点值得借鉴，一是注重培育根系，厚植基础。特别是邮政储蓄银行从代办储蓄入手，解决了资金（负债）端的问题，在这个基础上不断积累经验，逐步开展资产业务，最终形成一个完整的金融生态体系。二是在国家邮政局（包括邮政总公司）的统筹设计和监督指导下一体发展，有效进行顶层设计、资金通融、监督管理和风险防控，实现了规模效应。

三、供销合作社开展农村金融服务的规划设计

供销合作社开展金融服务，首先要解决定位的问题，即服务于谁。应该看到，供销合作社不能包打天下，供销合作社金融服务更不能包打天下，其定位应该是补充农村金融服务。这就要求供销合作社开展金融服务应该聚焦

供销合作社体系，即主要服务于系统内开展经营业务的各类市场主体，以及各类市场主体通过经营业务所串联的新型农业经营主体和农户。只有这样，才能真正发挥自身的优势，在解决信息对称、降低交易成本等方面通过差异化竞争，提供商业金融机构无法提供的金融服务。

供销合作社开展金融服务还有几个重要原则要把握：第一，要坚持服务实体经济发展。为实体经济服务是金融的天职，也是防范金融风险的重要举措。供销合作社不能为金融而金融，不能简单将金融服务作为盈利的一种手段，更重要的是要发挥金融对于实体经济、对于自身开展经营的促进作用。第二，要坚持稳中求进。高风险性、效益依赖性是金融的重要特征。当实体经济下行压力较大时，通过金融加大杠杆会进一步放大经营风险，具有更强的破坏力。因此，供销合作社开展金融服务一定要结合自身实际，既要规范管理、防控风险，又要在高标准严要求下创新发展。第三，要注重系统发展。金融服务的规模效应特别明显，单一零散的小型金融组织的经营管理能力、资金实力、抗风险能力都无法与大型金融机构抗衡，在市场经济竞争中处于劣势地位。供销合作社资产分级所有，开展金融服务尤其应注重资源的整合，尽可能地实现抱团发展。同时，供销合作社金融服务还应做好不同业务板块的统筹布局，信贷业务、基金业务、融资担保业务、保险业务等互为支撑、互为促进，争取实现最大化规模效应。

从供销合作社的长远发展目标来看，应着力打造以合作金融为基础、以商业金融为支撑，系统上下联合、整体运转协调的金融服务体系。这一金融体系应统筹全系统范围内开展信用合作的合作经济组织，同时兼具信贷、基金、融资担保、保险等金融功能，并在以上领域都形成全国性的金融机构，实现基于供销合作社组织体系内的完整金融生态。但要看到，这一目标的实现是一个长期的渐进过程。当前，供销合作社开展金融服务，还应立足实际，循序渐进。

（一）规范发展农村信用合作

（1）探索发展农村信用合作组织。当前的农村信用合作组织，一种类型是纯粹的资金互助组织，另一种是农民专业合作社内置信用合作，即生产、流通、信用“三位一体”综合合作。从监管部门的要求看，更倾向于后一种模式。实际上，供销合作社发展合作金融，也应该采取后一种模式。因为农民专业合作社内置信用合作，其实是供应链金融应用的一种形式，即依托内部产业满足产业链上不同个体的生产性、经营性融资需求，这无疑更符合金融服务实体经济的本质要求，也更容易做好风险防控。因此，各地在发展农村信用合作组织时，更应注重选择内部运行较好、产业链条较为完整、市场竞争力较强的农民专业合作社，在此基础上稳步推动开展信用合作。

（2）推进规范发展。规范发展是信用合作组织的生命力所在。为了推动信用合作组织规范发展，总社组织制定了供销合作社信用合作运营管理和风险防控两个规范。在开展信用合作时，应注重这两个规范的应用，注重把握几个原则。一是坚持内部封闭运行。只有坚持体内循环，才能保证信用合作组织独特的熟人优势和产业链优势，有效降低风险。二是坚持小额分散。开展信用合作的目的是解决新型农业经营主体和小农的融资问题，解决商业金融覆盖不到或难以覆盖的领域。生产经营大的项目建设不应该通过合作金融来解决，如果资金流向这些方面，一旦出现问题，将导致信用合作组织毁灭性的风险。同时，坚持小额分散，单一借款主体的违约意愿较低，也有利于保证资金安全。三是坚持资金托管。开展信用合作的资金应该通过专业的银行机构进行托管，这可以有效防范信用合作组织控制人的道德风险。

（3）探索联合合作。单一信用合作组织无论是经营管理能力还是风险管理能力都是相对较弱的，要实现长期可持续发展，应该注重联合合作。规范发展基础较好的地方，可以在金融监管部门指导下，以合作社联合社等形式，进行更高层次开展资金调剂和风险防范等方面的探索。

（4）加强监督管理。政府金融监管部门是供销合作社开展合作金融服务的监管主体。供销合作社开展合作金融服务，应该在积极配合有关部门做好金融监管工作的同时，综合运用统计、审计、监察等手段，充分利用互联网信息技术，加快构建供销合作社系统内部监督体系，逐步形成“政府部门监管、供销系统监督、经营机构内控”的风险管理格局。

（二）积极承接各类金融资源

在供销合作社金融服务体系尚未完备之前，加强与各类金融机构合作，用好各类金融机构的商业资源，是最为可行也最经济的选择路径。通过与各类金融机构的合作，一方面可以发挥供销合作社自身优势帮助“三农”解决融资问题；另一方面，也为供销合作社积累经验、培育队伍，为下一步构建自身的金融服务体系奠定基础。

（1）建设村口银行。充分发挥供销合作社网点多、渠道广、体系健全的优势，加快与金融机构对接合作，利用供销合作社基层社网点、农村综合服务社等基础设施，开展面向农民的转账、取款、汇款、缴费、查询等基础金融服务，打通金融服务的“最后一公里”。在这方面湖北等地已经做了很好的探索，有条件地方的供销合作社应积极借鉴。在建设村口银行时应注意，目前村口银行的主要功能还是解决农民存储等方面的服务，在帮助农民解决贷款问题方面办法不多。这方面要积极探索，特别注重收集整理新型农业经营主体、农户的基本信息和交易数据，参与征信体系建设，与银行机构合作争取逐步向借贷服务拓展。

（2）开展供应链金融。供销合作社的主营业务涉及农业生产资料、农村日用消费品、农副产品和再生资源等领域，它广泛联结农民、专业合作社、农业产业化龙头企业以及各类农村小微企业，拥有丰富而完备的产业链，可以产生上下游产业之间自然的耦合和促进关系，具有开展供应链金融的天然条件。通过开展供应链金融，可以有效解决金融机构资金下行问题。特别是当前各大银行机构对普惠金融高度重视，中国人民银行和银保监会对银行机构投向“三农”领域的资金都有一定的比例和增速要求，在这种形势下，如何加大农村金融供给，又能确保资金安全，通过供应链金融就成为各大银行机构的现实选择。各地供销合作社应把握机遇，积极探索开展供应链金融，搭建连接金融机构和经营实体之间的桥梁。

（3）加强与农业信贷担保公司的合作。2019 年年初，总社与国家农业信贷担保联盟签订了战略合作协议，并联合印发了加强合作的通知。国家农业信贷担保联盟是全国农业信贷担保体系的国家层面政策性担保机构，旨在更好地发挥担保和财政资金作用，将更多金融活水引入农业农村发展领域，推动农业生产结构调整和农业适度规模经营，促进农业发展方式转变。这与供销合作社为农服务的理念高度契合，也与供销合作开展的经营业务有很强的互补型。各地供销合作社应认真贯彻落实协议和通知精神，组织系统内供销合作社筛选符合条件的社有企业、基层社、新型农业经营主体及建设项目，向各省级农担公司及其分支机构推荐，通过市场化方式运作共同破解新型农业经营主体发展的融资难题，也更好地促进供销合作社主营业务开展。

（三）建设中小型金融机构

供销合作社参与或发起设立的小型金融机构主要包括中小型银行、小额贷款公司、融资担保公司等，各地应围绕上述方面发力，整合资源加快建设。

（1）参与组建中小银行机构。供销合作社参与中小型银行组建，对双方发展都有积极的促进作用。对于中小银行来说，通过引入供销合作社资本，可以进一步增强资本实力，并通过与供销合作社合作，下沉金融服务，扩大服务触角，延伸服务范围，做大服务规模。对于供销合作社来说，既可获得一定的经济效益，也能通过入股中小银行建立良好的产权和业务关系，降低系统企业融资成本，推动主业发展。目前，全国有 1262 家农村信用社完成改制组建了农村商业银行，仍有 965 家以农村信用社形式存在，改革还将继续。供销合作社参与大型商业银行的增资扩股，受资金规模限制，难度较大；自主发起设立合作银行，受监管部门制约，可行性不强。因此，通过各种方式参与农村信用社改制组建农商银行，是现实条件下供销合作社参与农村金融创新的可行路径。各地应把握机遇，争取当地党委政府支持积极参与、大力推进。此外，有条件的地方，也可参与发起设立村镇银行。

（2）继续探索发展小额贷款公司。小额贷款公司进入的门槛较低，也是供销合作社参与金融服务的一种重要类型。供销合作社发展小额贷款公司，有几点应把握好：①聚焦“三农”主业，不能纯利益驱动。供销合作社的根在“三农”，优势也在“三农”，开展小额贷款业务，也应立足于“三农”，注重与自身主营业务的结合。②做好风险防控。风险防控是小额贷款公司的生命线。要引入金融科技，结合数据风控技术，逐步从简单的渠道和交易驱动转型为后端的大数据、农村征信和风控能力建设，掌握数据化、高效化和模型化技术，形成稳健的核心竞争力。③注重提供延伸金融服务。小额贷款公司应以融资服务为基础，逐步开展保险、担保等延伸金融服务，为“三农”定制综合的金融服务。

（3）设立融资性担保公司。从系统发展的实际看，融资性担保公司具有一定的公益性，完全通过市场化运作难以生存。从实践看，浙江省供销合作社系统在县一级普遍建立了融资担保公司，现在大多引入政府财政资金，具有一定政策性功能。如果没有财政资金支持设立融资担保公司，一定要注重与当地供销合作社主营业务结合，也不是以营利为主要目的，而是作为为本级企业和系统增信融资的一个手段。

（四）设立合作发展基金

合作发展基金是供销合作社整合各方资源，以股权投资等方式支持供销合作社基层组织和为农服务项目建设、龙头企业培育、产业发展等，促进系统上下贯通、联合合作，提升供销合作社为农服务能力的重要手段。设立合作发展基金应遵循以下原则：一是坚持市场化运作。基金的主要流程是“募投管退”，投资是要求回报的，如果不能实现顺利退出，仅靠行政手段推动基金的募集难度很大，基金运行的基础就不复存在。二是坚持专业化管理。基金的管理不仅需要金融知识，而且对市场研判、经营管理、资本运作都有较高的要求，因此，基金的管理者要有非常高的专业素养，需要专业化的团队。三是注重投资方式的选择。一般来讲，股权投资基金中，比较常见的是创业投资和并购基金。如果要投资供销合作社系统，相对来说并购基金的模式更为适合。因为当前供销合作社企业同质化严重，需要加强整合，同时通过这种整合也能形成更大的规模效应，无论对产业的发展，对基层的带动，还是对基金的回报，都是比较合适的选择。

（五）探索开展保险业务

开展保险业务，对于促进供销合作社事业发展具有重要意义。第一，能为供销合作社和社有企业提供风险保障，确保系统健康运营。特别是近年来供销合作社经营服务向生产领域延伸，全系统土地托管等生产性服务面积达1.7亿亩，在防范农业生产重大风险方面，保险不能缺位。第二，能够拓展供销合作社服务功能，完善为农服务体系。在保障农业生产和农民生活的同时，增强新型农业经营主体和农户对供销合作社的粘性，提升供销合作社品牌。第三，能够通过保证保险等创新型金融工具，盘活系统大量闲置固定资产，激活系统经营活力。还可以积累保险资金，在合法合规的前提下，引导投向供销合作社较好的项目建设，壮大系统经济实力和提升为农服务能力。当前，开展保险业务，应注重从以下几个方面入手。

（1）继续做好安全统筹业务。供销合作社的安全统筹属于行业自保性质，与中国石油化工公司设立的安全基金、农业部门渔船船东互保会开办的渔船保险和渔民人身平安保险共同作为三大行业自保得以保留。要充分利用好这一政策，有条件的地方要积极探索开展安全统筹业务。要采取得力措施，发挥供销合作社系统优势，提升服务水平，加大力度维持现有统筹客源。在开展统筹业务时要切实遵守安全统筹为系统经营业务提供保障的核心理念，严格控制风险。

（2）开展保险代理业务。在供销合作社系统没有一个全国性的保险公司的背景下，应注重与保险公司的合作，积极参与保险代理服务。尤其对于已经不再开展安全统筹业务的地区，更要积极加强与保险公司的合作。发挥供销合作社的经营网点优势，积极开展财险、人寿险等各种产品的代理。同时，利用系统整体优势，与保险公司合作开发针对自身经营业务的险种，特别是针对大田托管等方面的农业险种。要通过与保险公司的合作，一方面为自身主营业务提供保障，另一方面积累人才经验，为以后与系统全国性保险公司对接创造条件。

（3）发起设立保险公司。目前，一些地方在发起设立保险公司方面进行了积极探索。鉴于系统人力、物力、财力相对有限，发展多家区域保险公司容易分散资源，不利于形成合力抱团竞争。保险公司的定位主要聚焦和服务于供销合作社流通主业，保险业务开展可根据产业联系的远近，按照同心圆的模式发展。初期，重点以供销合作社及其社有企业为目标对象，在熟悉的领域内，依托信息对称优势和系统产业，积累资源快速发展。中期，沿着供销产业链向上下游发展，为有关联的企业、经营主体和个人提供保险服务。长期，面对所有有需求的客户，在市场上与各类保险公司直接竞争。

四、供销合作社金融服务体系建设所需的政策支持

农村金融服务作为一种普惠金融，具有较新的公益性，需要平等享受相关政策支持和良好的宏观发展环境。

（一）准入政策

从金融监管看，目前对合作金融的整体把握比较审慎。2006 年 12 月 20 日银监会发布《关于调整放宽农村地区银行业金融机构准入政策　更好地支持社会主义新农村建设的意见》，将村镇银行、贷款公司和资金互助社作为三种农村新型金融机构的组织形式大力推进。在实践中，村镇银行、贷款公司都得到迅速发展，但资金互助社的数量一直被严格控制。从合作金融看，2007 年中央 1 号文件提出加快制定农村金融整体改革方案，努力形成商业金融、合作金融、政策性金融和小额贷款组织互为补充、功能齐备的农村金融体系；2009 年中央 1 号文件提出抓紧出台农民专业合作社开展信用合作试点的具体办法；2010 年中央 1 号文件提出支持有条件的合作社兴办农村资金互助社；2012 年中央 1 号文件提出有序发展农村资金互助组织，引导农民专业合作社规范开展信用合作；2013 年中央 1 号文件提出规范合作社开展信用合作；2014 年中央 1 号文件对发展新型农村合作金融组织单列一条，要求在管理民主、运行规范、带动力强的农民合作社和供销合作社基础上，培育发展农村合作金融，不断丰富农村地区金融机构类型；2015 年中央 1 号文件提出积极探索新型农村合作金融发展的有效途径，稳妥开展农民合作社内部资金互助试点，落实地方政府监管责任；2016 年中央 1 号文件提出扩大在农民合作社内部开展信用合作试点的范围；2017 年中央 1 号文件提出开展农民合作社内部信用合作试点。但 2018 年、2019 年中央 1 号文件对信用合作基本没有提及。

从中央 1 号文件对合作金融的部署看，中央对合作金融最为重视的是 2014 年左右，之后，随着一些资金互助组织风险显现，特别是在打好“三大攻坚战”、防范重大风险的大背景下，监管部门对合作金融发展更加审慎。辩证地看，监管部门对合作金融的审慎管理具有一定的合理性，合作金融组织数量多，内部运行又不规范，监管成本高、难度大，而一旦缺乏监管，出现问题后造成的破坏性又较大，且具有延递性。但合作金融在解决“三农”融资难题方面具有重要作用，不能完全放弃。2019 年中发 13 号文件《中共中央国务院关于新时代推进西部大开发形成新格局的指导意见》明确要求：“探索供销合作社、农民合作社、合作金融‘三位一体’的农村产业发展模式。”当前，应继续做好山东等地试点经验的总结，规范管理，规避风险，进一步争取银保监会适当放宽准入条件，拓展试点内容和试点地区范围。

（二）金融机构牌照

金融机构的牌照主要针对供销合作社开展的商业性金融而言。目前，金融监管环境更为严格，在这样的环境下，争取金融牌照不仅需要必须满足监管要求的资本金等硬性指标要求，同时还需向监管部门论证必要性和合理性。应该说，供销合作社是为农服务的国家队，开展金融服务也是为系统服务和为“三农”服务，在争取牌照方面也具有一定优势，关键是在专业性方面要进一步加强，在资金筹集、人才储备、方案设计、可研论证等方面多下功夫。在此基础上，应整合系统资源，积极向监管部门申请消费金融、支付、保险等方面的牌照，这也是供销合作社金融服务体系建设的必要条件。

（三）其他政策支持

从东亚地区合作金融实践看，当地政府都给予了大力支持，这也是合作金融发展取得良好成效的重要原因。这些支持政策涉及方方面面，有税收方面的政策，有财政贴息方面的政策，更有一些地区财政补贴农业的资金都通过合作经济组织的金融体系发放。供销合作社的金融服务体系建设，实际上也具有一定的公益性和政策性，也可以争取国家财政、税收等政策支持。

第七章　金融风险防范

风险管理贯穿金融机构经营管理活动全过程，被认为是金融机构的生命线和核心竞争力。供销合作社开展金融服务，必须始终将风险管理放在首位，健全风险防控体系，完善风险防控举措，有效防控金融风险。

一、金融风险的含义和特征

风险通常被定义为未来结果出现收益或损失的不确定性。具体来说，如果某个事件产生的收益或损失是固定的并已经被事先确定下来，就不存在风险；若该事件的收益或损失存在变化的可能，且这种变化过程事先无法确定，则存在风险。金融风险指的是与金融有关的风险，即一定量金融资产在未来时期内预期收入遭受损失的可能性。

金融风险具有如下特征：

（一）不确定性

不确定性是金融风险的本质特征，但是其并不表示金融风险是不可测量的。在掌握一定的信息后，可以利用概率论、统计学的知识来预测风险结果发生的可能性，进一步对金融风险进行度量和管理。

（二）客观性和普遍性

客观性是指金融风险的产生不以人的主观意志为转移而客观存在。普遍性是指金融风险无处不在、无时不有，在于每一个行业、金融工具、经营机构和每一次的交易行为中，都有可能潜伏着金融危险。

（三）潜在性、叠加性和累积性

金融机构和资金需求者之间存在着信息不对称，而金融主体获取金融资产价格变化的信息也是不完全的，因此金融风险具有很大的潜在性，而且同一时点的风险因素会交织在一起，相互作用、相互影响，并在各金融机构中不断叠加和累积。

（四）扩张性和传染性

金融风险的扩张性和传染性体现在两个方面：一方面，如果个别金融机构经营出现危机，危机的破坏性会迅速扩张到其他金融机构，乃至波及整个金融体系。另一方面，实体经济和金融业务之间有很强的联动关系，信贷扩张和收缩会严重影响企业融资成本和融资效率，金融风险渗透到实体经济的可能性较高，甚至影响到实体经济发展。

二、金融风险的主要类别

金融风险按性质可划分为系统性风险和非系统性风险；按主体可划分为金融机构风险、企业金融风险、居民金融风险、国际金融风险；按层次可划分为微观风险和宏观风险。但一般来讲，金融风险按形态划分的情况最多，可以分为八类，分别是信用风险、市场风险、操作风险、流动性风险、国别风险、声誉风险、法律风险和战略风险。对于供销合作社开展的金融业务来讲，重点应注意前四类风险。

（一）信用风险

信用风险是指债务人或交易对手未能履行合同规定的义务或信用质量发生变化，影响金融产品价值，从而给债权人或金融产品持有人造成经济损失的风险。信用风险是供销合作社开展金融服务面临的最主要风险，即交易对手不能完全履行合同的风险。供销合作社在发展合作金融，中小银行机构信贷业务，开展供应链金融服务和融资担保业务时，都面临信用风险。

（二）市场风险

市场风险是指由于基础资产市场价格的不利变动或者急剧波动而导致衍生工具价格或者价值变动的风险。基础资产的市场价格变动包括市场利率、汇率、股票、债券、商品行情的变动。由于供销合作社金融服务处于起步阶段，不太涉及外汇、股票、商品等业务，因此，利率风险是供销合作社金融服务开展中面临的主要市场风险。供销合作社在发展合作金融，开展供应链金融服务，中小银行金融机构开展信贷业务时，都面临一定的利率风险。

（三）操作风险

操作风险是指由不完善或有问题的内部程序、员工、科技信息系统以及外部事件所造成损失的风险。操作风险广泛存在于供销合作社金融服务各个领域，也是供销合作社合作金融面临的另一主要风险。从分类看，可分为：人员因素，表现为职员欺诈、失职违规、违反法律等；内部流程，表现为流程不健全、控制报告不力、文件或合同缺失等；系统缺陷，表现为信息系统和配套设施不完善；外部事件，表现为外部欺诈、自然灾害、交通事故等。

（四）流动性风险

流动性风险是指商业金融机构无法以合理成本及时获得充足资金，用于偿付到期债务、履行其他支付义务和满足正常业务开展的其他资金需求的风险。流通性风险与信用风险、市场风险、操作风险相比，形成的原因更加复杂，涉及的范围更广，通常被视为一种多维风险。其产生的原因除了金融机构的流通性计划不完善之外，信用、市场、操作等风险领域的管理缺陷同样会导致流动性不足，甚至引发风险扩散，造成整个金融系统出现流动性困难。因此，流动性风险除了应当做好流动性安排之外，还应重视和加强跨风险种类的风险管理。从这个角度讲，流动性风险管理水平体现了金融机构的整体经营管理水平。对供销合作社来说，合作金融业务和中小银行信贷业务都存在一定的流动性风险。

三、金融风险管理策略

金融机构的风险管理策略通常可概括为风险分散、风险对冲、风险转移、风险规避和风险补偿五种策略。

（一）风险分散

风险分散是指通过多样化投资分散降低风险的策略型选择。“不要将鸡蛋放在一个篮子里”的经典投资格言形象说明了这一方法。既然要投资，就一定会有风险。在投资理论中，每项投资都涉及不同程度的风险，其中可分为系统性风险和非系统性风险。系统风险是指一些影响宏观的风险，例如利率的变化、减税或经济衰退等。非系统风险是指个别投资项目独有的风险，如某公司的产品出现问题使公司盈利受损。系统性风险是投资者不能回避的，但非系统风险属个别投资项目特有的风险，投资者可通过分散投资，达到降低风险的目标。对于供销合作社开展金融服务来讲，风险分散策略同样非常重要，特别对于合作金融业务来讲，“小额分散”正是体现了风险分散的理念。

（二）风险对冲

风险对冲是指通过投资或购买与标的资产收益波动负相关的某种资产或衍生产品，来冲销标的资产潜在风险损失的一种风险管理策略。风险对冲是管理利率风险、汇率风险、股票风险和商品风险非常有效的办法。与风险分散策略不同，风险对冲可以管理系统性风险和非系统性风险，还可以根据投资者的风险承受能力和偏好，通过对冲比率的调节将风险降低到预期水平。风险对冲管理模型的设计比较复杂，供销合作社目前的金融业务涉及的不多，一些从事大宗农产品购销的企业开展相关期货业务，是在这方面的积极尝试。

（三）风险转移

风险转移是指通过购买某种金融产品或采取其他合法的经济措施将风险转移给其他经济主体的一种策略性安排。风险转移的方式有很多，主要有三类：一是合同转移，即通过与有关方面签订连带风险在内的合同，将风险转移给对方。二是采用保险方式，对那些属于保险公司开保的险种，可通过投保把风险全部或部分转移给保险公司。三是利用各种风险交易工具转嫁风险。风险转移策略在供销合作社金融服务中应用较多，开展合作金融时要求相关担保人承担连带责任，与融资担保公司、保险公司合作开展的普惠金融服务，都是采取的风险转移策略。

（四）风险规避

风险规避是指在考虑到某项投资业务存在风险损失的可能性较大时，采取主动放弃或加以改变，以避免与该项投资业务相关的风险的策略。将风险因素消除在风险发生之前，因而是一种最彻底的控制风险技术。当项目风险潜在威胁的可能性极大，并会带来严重后果且损失无法转移又不能承受时，风险规避是一种最有效的风险管理方式。供销合作社开展合作金融服务要求内部封闭运行，正是风险规避策略的一种体现。

（五）风险补偿

风险补偿是指金融机构在从事的业务活动产生实质性损失之前，对所承担的风险进行价格补偿的策略型选择。对于那些无法通过风险分散、风险对冲或风险转移进行管理，而又无法规避、不得不承担的风险，投资者可以采取在交易价格上附加风险溢价，即通过提高风险回报的方式，获得承担风险的价格补偿。农村金融供给的利率相对较高，本质上就是一种风险补偿机制，是对金融机构开展相关服务的一种风险溢价。

四、金融风险管理体系

金融风险管理体系的建立从广义上讲，包括两个层面，一是外部监管，即政府部门的监管；二是内部监管，即内部控制体系的管理。

（一）外部监管

外部监管是政府通过特定机构，如中国人民银行、银保监会、证监会以及地方金融办等对金融交易行为主体作的某种限制或规定。其本质是一种具有特定内涵和特征的政府规制行为。综观世界各国，凡是实行市场经济体制的国家，无不客观地存在着政府对金融体系的管制。通过金融监管，从宏观经济角度看，可以保证金融市场健康运行，进而保证整个国民经济秩序的正常运转，以高效、发达的金融制度推动经济的稳定发展；从金融市场本身来看，可以限制和消除不利于市场运行的因素，诸如各种非法交易、投机活动、欺诈手段等，保障市场参与者的正当权益，保证市场在具有足够的深度、广度、弹性基础上稳步运行。

（二）内部监管

对于金融机构内部来讲，风险治理是董事会、高级管理层、业务部门、风险管理部门之间在风险管理职责方面的监督和制衡机制。董事会受托于公司股东，对金融机构风险管理承担最终责任。监事会是内部监督机构，对金融机构承担的风险水平和风险管理体系的有效性进行独立的监督、评价。金融机构应该专设风险管理部门，负责建设完善包括风险管理政策制度、工具方法、信息系统在内的风险管理体系，组织开展各项风险管理工作，对金融机构承担的风险进行识别、计量、监测、控制、缓释以及风险敞口的报告，促进金融机构稳健经营、持续发展。

金融机构的内部风险管理流程可以概括为风险识别、风险计量、风险监测和风险控制四个步骤。

（1）风险识别。风险识别是指对影响各类目标实现的潜在事项或因素予以全面识别，进行系统分类并查找出风险原因的过程，目的是帮助金融机构了解自身面临的风险及风险的严重程度。风险识别是风险管理的第一步，也是风险管理的基础。只有在正确识别出自身所面临的风险的基础上，才能够主动选择适当有效的方法进行处理。

（2）风险计量（评估）。风险计量是指在风险识别基础上，对风险发生的可能性、风险将导致的后果以及严重程度进行充分地分析和评估，从而确定风险水平的过程。风险计量可以基于历史记录以及专家经验，根据风险类型、风险分析的目的以及信息数据的可获得性，采取定性、定量或者定性和定量相结合的方式。

（3）风险监测（报告）。风险监测包含两项重要内容，一是监测各种风险水平的变化和发展趋势，在风险进一步恶化前提交相关部门，以便密切关注并采取恰当的控制措施。二是将风险信息传递到监管部门和有关机构，使其了解金融机构内部风险管理状况。

（4）风险控制（缓释）。风险控制是金融机构对已经识别和计量的风险，采取分散、对冲、转移、规避和补偿等策略以及合格的风险缓释工具进行有效管理和控制风险的过程。

五、合作金融风险防控

供销合作社开展的金融服务包括农村合作金融、商业金融、融资担保、合作发展基金、涉农保险等。对于农村合作金融以外的其他板块，国家监管部门都有明确的法律法规和规章制度，只要严格遵守国家监管要求，加强内部风险防控体系建设，完善风险管理的各项工作举措，是可以实现金融风险的有效防控的。对于农村合作金融来讲，一方面，国家监管部门这方面的规定并不多；另一方面，合作金融业务本身规模较小，内部管理不完善，同时信用风险、操作风险、流动性风险交织，存有较大风险隐患，因此，应把农村合作金融的风险防控作为重中之重。这里重点强调三个方面。

（一）信用风险防控

（1）经营风险。经营风险即社员的生产经营活动未达预期，导致信用合作资金存在损失的可能性。目前我国农业处于传统农业向现代农业过渡时期，农户对生产经营风险的抵御能力不强，区域农业的周期性、季节性、同质性使得农业贷款的风险很高，从而影响到为其提供资金的信用合作组织。信用合作组织可采取预购、预售等方式解决成员收入不稳定的问题，同时注重加强农业保险引入，从而保证资金按期归还。

（2）道德风险。由于信用合作组织与成员存在信息不对称，难以全面了解社员生产经营的真实情况，对已发放的调剂资金进行有效监管，而社员隐藏自己经营的实际问题，并可能将借款挪作他用，导致信用合作资金出现风险。防范道德风险应重点通过以下途径：一是坚持小额分散，分散风险，对调剂资金限额做出要求；二是坚持“三位一体”综合合作，将信息流、物流、资金流统一整合，在生产合作基础上开展信用合作，通过物流的有效掌控确保资金回收；三是坚持采取担保、抵质押等方式，尤其注重采用熟人联保等担保模式；四是建立信用评级体系，为全体成员建立信用档案，根据履约情况升高或降低信用等级，后续申请借款时按照信用等级进行授信，逐步培养全体成员诚信观念。

（二）操作风险防控

（1）业务资格风险。业务资格风险是当前供销合作社农村信用合作普遍面临的风险，即从事信用合作的合作经济组织是否拥有法人营业执照，是否具备开展信用合作的许可，合作经济组织自身是否建立了完善的成员（代表）大会、理事会、监事会、经营管理层“三会一层”治理结构等。供销合作社应当高度关注业务资格风险，及时掌握政府相关管理部门最新工作动态，同时推动信用合作组织加强规范化建设，避免引发经营活动损失的不确定性。

（2）成员资质风险。当出现社员加入程序不符合《中华人民共和国农民专业合作社法》规定，社员与合作经济组织无实质性生产、经营关系，成员地域分布与合作经济组织登记注册地明显不一致，成员名册及变更明细未在市场监督管理部门或民政部门备案等情况时，易发生成员资质风险。供销合作社组织引导开展信用合作时，应严格遵守“社员制、封闭制、不对外吸储放贷、不支付固定回报”的规定，以存在“共同关联关系”作为开展信用合作的标准要求。

（3）内部人控制风险。在开展信用合作时，如果不对信用合作组织的发起人以及信用合作组织内部影响力、控制力较强的农民大户、法人企业实行权利限制，合作经济组织内部信用合作可能演化为“垒大户”、变相集资或发起人等利用自身优势地位侵害普通小农户成员利益的活动，形成内部人控制风险。因此，为保护普通小农户成员合法权益，一是限制发起人等在成员（代表）大会的决议表决权；二是限制其同时兼任两个或两个以上信用合作组织内部重要职务；三是对其申请互助金投放限额进行额外限制。

（4）互助金管理风险。互助金管理风险是指在互助金筹措、管理、清算、分红等环节存在疏漏，导致信用合作存在不确定性。这也是信用合作防范操作风险的重点。应通过以下方式防范：①建立完善财务管理制度。完善的财务核算办法，具有专业技术能力的财会人员，不相容岗位相分离，是防范互助金管理风险的有效保证。②建立完善互助金管理制度，互助金筹集必须通过指定管理软件统一登记，筹集资金需委托银行托管，做到整个资金流向透明可追踪。③建立完善信息披露制度，定期向成员公开公示合作社的业务数据和开展信用合作的财务数据，向监管部门报送有关经营情况和数据，能够实现信息对称，有效降低资金管理风险。

（5）资金投向风险。资金投向风险是指面向成员办理资金投放业务过程中风险管控不足，导致信用合作存在损失可能性。资金投向风险的防范主要应集中在贷前、贷中、贷后管理上。贷前调查是控制资金投向风险的基础，要做好成员信息调查，包括其家庭成员及关系、产业、社会关系、有无犯罪记录、有无违约记录等，经过贷审会开会决议是否通过给放款。贷中管理保证不定期拜访成员，关注其产业发展情况，及时更新信息，做好防患于未然。贷后管理主要关注成员是否能按时归还借款，若无法按时归还，查明原因并采取相应对策以解决问题。

（三）流动性风险防控

（1）资产负债不匹配风险。将信用合作组织吸收的互助金作为负债端，调剂资金作为资产端，当资产与负债的比例超过一定范围，则容易产生流动性风险。一般来讲，商业银行用存贷比衡量以相对稳定的负债支持流动性较弱资产扩张的能力，一般不高于 75%。供销合作社信用合作也应借鉴这一防控举措。此外，应提取一定的支付准备金，防范流动性风险。

（2）期限错配风险。如果信用合作组织的互助金和调剂资金不能滚动，不产生新的业务，短期内到期的互助金多于调剂资金，会导致现金净流出，带来流动性风险。期限错配的程度越大，潜在的流动性风险就越大。因此，对信用合作组织来说，要设计好相应管理制度，切实做好互助金和调剂资金的匹配。

（3）融资集中风险。如果信用合作组织的资金来源集中度较高，主要集中在几个大户，也容易产生流动性风险。银行机构一般采取“最大十户存款比例”和“最大十家从业融入比例”等指标对融资集中风险进行衡量。信用合作组织也应对吸纳的互助金来源进行限制，防止集中度过高。

第二篇

地方探索与实践

第八章　省级金融服务体系建设

一、河北省供销合作社积极打造农村合作金融服务体系

中发 11 号文件要求稳步开展农村合作金融服务，提出“有条件的供销合作社可以发展农村资金互助合作、开展互助保险业务、设立中小型银行试点、设立融资租赁公司、小额贷款公司、融资性担保公司，与地方财政共同出资设立担保公司”。

河北省作为综合改革试点省份，根据中发 11 号文件有关要求，结合自身实际，谋划创建了具有河北特点的“农村合作金融服务体系”，在原有投资管理公司、担保公司、农产品电商公司、小额贷款公司、村镇银行、安全统筹、保险代理公司基础上，新创办了互联网金融服务公司、农村产权交易、金融租赁等公司，形成了由 10 个业态为主的农村合作金融服务体系。

（一）“农村合作金融服务体系”功能定位

河北省供销合作社创建的农村合作金融服务体系“扎根农村、链接农业、贴近农民”，让农业经营主体产权能流转、抵押够条件、融资有渠道、担保有平台、生产有保障、风险能化解、产销能衔接，为现代农业发展提供产前、产中、产后的全过程金融服务。

河北省供销合作社农村合作金融服务体系拓宽了“三农”融资的渠道，搭建了“三农”与金融互通的桥梁与纽带，实现了供销合作社服务功能的转型升级，真正构建起了具有供销合作社特色的融资服务体系，成为河北省供

销合作社深化供销社综合改革的一个亮点。该体系在参与农村金融服务创新上实现了新突破，它不仅使自身的类金融业态互为依托、形成合力，取得了良好的经济效益和社会效益，而且充分发挥了合作经济组织的优势，引进金融机构积极参与体系建设，共同为“三农”服务，让农民足不出乡（村）就能享受到全方位的金融服务。

（二）“农村合作金融服务体系”主要做法

1. 把握改革要点

为实现改革目标，河北省供销合作社在制定《深化供销合作社综合改革构建合作社服务体系实施方案》时确立了五个创新，即创新组织体系、创新服务体系、创新经营体系、创新农村合作金融体系和创新管理体制。其中，创新农村合作金融体系是以供销合作社为主体，与金融机构合作构建起完整的农村合作金融服务体系，为农民的生产、生活开展全方位服务。

2. 完善管理框架

2015 年，河北省供销合作社向省编委会申请并获批成立了“农村合作金融处”，成立了河北省供销合作社金融风险排查化解工作领导小组和河北省供销合作社非法集资风险专项排查化解工作领导小组，建立了农村合作金融动态监管机制。农村合作金融处负责系统的合作金融业务指导，协调社办类金融企业与各大金融机构的联系沟通，签署合作协议。目前，已经与国家开发银行河北省分行、农业开发银行河北省分行、中国农业银行河北省分行、中国建设银行河北省分行、中国银行河北省分行、平安银行石家庄分行、河北银行、中国人保财险河北省分公司等金融机构签署了战略合作协议。

3. 组建实体企业

中发 11 号文件明确要求有条件的供销合作社，可以做七个业态的金融服务。河北省供销合作社按照文件要求，由河北省新合作控股集团有限公司出资，在工商部门注册了 6 家全资子公司，分别是：河北省新合作投资担保有限公司、河北省新合作金融服务有限公司、河北省农村产权交易有限公司、河北省农产品电子商务有限公司、河北省新合作投资管理有限公司和河北新合作保险代理有限公司。参股了 3 家公司，包括：清河金农村镇银行股份有限公司、沧州市中合小额贷款股份有限公司、冀银金融租赁股份有限公司；

发展壮大了安全统筹业务。河北省供销合作社创建的农村合作金融服务体系既呈现出体系化、特色化、市场化的特点，又体现了合作制、互助制、普惠制的性质。

4. 形成上下贯通格局

为实现省、市、县、乡之间上下贯通，各金融企业之间联合合作，互联互通，合作共赢，省社建立合作金融大厦，市、县建立金融服务中心，乡镇建设供销金融超市，村级建设助农服务站，形成上下贯通，五级联动。

5. 创新服务模式

在与各类金融机构（银行、保险、证券）签订战略合作协议的基础上，开展金融助农模式的创新。与中国农业银行河北省分行联合推广“政银企户保”金融支农模式，以供销社为平台，通过“政府、银行、供销社、农户、保险公司”五位一体，政府主导、金融机构主办、供销合作社协助，以财政资金带动社会资本，撬动银行资金，解决农村资金需求。具体做法是：政府出资，供销合作社管理，建立“风险补偿基金”，存入银行，逐年增加，滚存使用；银行按 1∶10 比例放大规模，向农户提供贷款；保险公司为贫困户办理贷款履约责任险，一旦出现还贷风险，保险公司和补偿基金负责理赔和代偿。该模式既破解了农民担保难、抵押难、融资难、发展难的障碍，也克服了金融机构在农村无网点，征信不健全、风控没基础，有钱不敢贷的困难，又解决了政府扶持资金不够用，依靠民间融资不可靠，信用环境难维护的问题。截至 2018 年底，全省风险补偿基金达 16.93 亿元，银行累计发放贷款 90.43 亿元，惠及 12.99 万农户。

与中国建设银行河北省分行合办“农村金融超市”。建设银行河北省分行利用基层供销社的经营网点，建设自助银行网点，安放 ATM 机，与供销合作社共同发行“供销·建行一卡通”，为农村客户提供存取转现金服务。截至 2018 年底，全省已累计发放“供销·建行一卡通”70 万张。

（三）“农村合作金融服务体系”运营成效

经过近四年的改革探索，农村合作金融服务体系的建设与运营发展状况良好，成效初步显现。一方面促进了供销合作社经济稳步增长，壮大了供销合作社社有企业的实力，为全面提升为农服务能力奠定了坚实的基础；另一方面丰富了供销合作社服务“三农”的方式和功能，补齐了农村金融服务供给不足的困境，缓解了农业农村经济发展与融资渠道狭窄的矛盾。创新实践证明，农村合作金融服务已成为助推农村改革、农业农村经济发展、农民增收脱贫的新时代农村金融体系的有益补充，成为服务农民生产生活的生力军。

截至 2018 年底，河北省供销合作社创建的农村合作金融服务体系助农直、间接融资总额达到 641 亿元。其中，河北省新合作投资担保有限公司成立十年以来，业务规范稳健，经营效益突出，担保业务零逾期，多次获河北省政府评比“金融稳定奖”。河北省农村产权交易有限公司市、县交易分支机构已建成 155 家，基本实现全覆盖。安全统筹业务（行业内保）建立了省、市、县三级联动的保险为农服务体系，实现了分支机构和业务开展全省覆盖。河北省新合作金融服务有限公司创建的互联网金融平台——新合作金融平台，累计为中小微企业融资总额达 6. 15 亿元。

二、湖北省供销合作社着力构建多层次金融服务体系

近年来，湖北省供销合作社积极探索开展金融服务，通过联合金融机构创新农村普惠金融服务、成立投资集团开展非银金融业务、设立供销合作发展基金、打造都市田园综合体推进产融结合、支持新型农业经营主体开展资金互助等多种形式，初步建立起了多层次、广覆盖、可持续的供销合作金融服务体系，为全省农村经济发展和社有企业壮大提供了有力支持。

（一）联合金融机构创新农村普惠金融服务

中介代理型金融服务是供销合作社参与农村合作金融发展银社合作的重要模式，作为金融机构的代理机构，对接农村中的各类资金需求者，可以实现供销合作社与银行间的强强联合、优势互补，形成共赢的委托代理关系。党的十八大以来，为贯彻落实国家发展普惠金融的工作要求，充分发挥供销合作社经营服务网络渠道优势，湖北省供销合作社采取中介代理方式，与湖北省建设银行合作开展“裕农通”普惠金融服务。2014 年，湖北省供销合作社与省建行签订了《助农金融合作框架协议》，推动助农金融服务网点建设。依托省供销合作社出资企业与建行湖北分行开展跨界合作，采取“村级供销

合作社+移动金融”模式，创新推出“裕农通”助农金融服务，通过构建“村口银行”，打通农村金融服务“最后一公里”，让农民足不出村就可以获得小额存取款等各项基本金融服务，受到地方政府和农村居民的广泛好评。到2018年12月底，全省供销系统与建行共建“裕农通”村口银行服务网点达到12532家，发放裕龙卡340万张，裕龙卡存量资金300多亿元。2018年，便民缴费交易额达5372.24万元，裕农通交易额达2628.26万元。“裕农通”被亚洲银行家评为2018年度中国最佳普惠金融产品；建设银行总行正在将该产品在全国复制推广。

（二）成立合作投资集团开展金融投资及创新业务

2015年，为进一步做好为农服务工作，湖北省供销合作社正式成立了“湖北合作投资集团”，注册资本6.6亿元（2016年7月增资至11亿元），业务经营范围包括：投资及管理；企业并购重组及咨询服务；农业产业化基础开发；农村商品流通网络开发。投资集团以服务“三农”作为立身之本，依托省供销合作社深厚的为农服务产业背景，依托省供销合作社在“生产、供销、信用”三大服务体系上的优势，将产业资本和金融资本有机结合，比照全牌照类金融平台，先后成立了投资担保、小额贷款、融资租赁、股权投资、基金管理、互联网金融、电子商务公司，取得保险代理牌照，形成了业务板块特色鲜明，多层次、闭环式产业链。此外，通过合资成立了支付公司、资产管理公司、投资公司，成为拥有支付牌照的供销社类金融平台、湖北省第二家地方资产管理公司、省市两级联动的投资公司。通过基层供销合作社推荐或提供担保等增信服务，投资集团以控股机构开展了农户小额贷款、农业担保、农机融资租赁等金融服务，相关普惠金融服务累计规模达1亿元，2017年和2018年分别实现净利润1.35亿元、1.2亿元，成为重要利润增长点。

（三）设立供销合作发展基金促进联合合作

为贯彻落实中发11号文件“做实供销合作社合作发展基金”精神，2016年，经省政府同意，省供销合作社和省财政厅联合发起设立了“湖北省供销合作发展产业引导基金”。按照设立方案，湖北省财政从2017年到2022年，将部门预算安排的“新网工程”专项资金2500万元及“供销社项目发展”专项资金 1900 万元进行整合，省供销合作社按 1：1 比例进行配资，基金总规模 5 亿元。引导基金采取有限合伙制，委托有专业管理经验的省供销社现有投融资平台——湖北合作投资集团有限公司管理。以母基金方式运作，按照“整体设计、分期投入、做实做强、滚动发展”的思路实施，主要通过与各级供销合作社、其他政府性资金以及社会资本合作设立或以增资方式参股子基金，重点支持现代农业服务、农产品市场体系、农产品加工流通产业、新农村现代流通服务网络体系、新型城镇化、城乡环境服务和再生资源循环利用产业、农村现代物流业、农村电子商务、农村普惠金融、城乡公共服务业等。目前，省级财政已实际到位财政资金 13200 万元，子基金已进入实施阶段。

（四）打造都市田园综合体推进产融结合

积极响应党中央关于金融“脱虚向实”、服务实体经济的号召，抓住国家大力实施乡村振兴战略的机遇期，统筹整合省、市、区供销合作社资源，抢抓武汉全面创新改革试验和推进实施“三乡工程”的战略机遇，整合各方在资源、品牌、资本、人才等方面的有利条件，打造涵盖农业、健康、文化、旅游等领域的武汉汉南都市田园综合体，推进农业基础设施投资和现代农业、生态农业、旅游观光农业、特色小镇投资运作，探索创新农业转型升级、农村生态宜居、农民增收致富的产融结合金融服务新模式。2018 年 6 月，汉南田园综合体项目被列为武汉市重点招商引资项目。湖北省供销合作社通过债股联动，全面推进项目的投资、运营与管理。目前，项目已完成首期投资 13 亿元。汉南都市田园综合体项目的成功运筹，实现以实体产业带动普惠金融服务、以金融业务推动农业产业化发展“两提高、两促进”，既提升了湖北省供销合作社服务“三农”实体经济的品牌形象，也使得供销合作社生产、供销、信用“三位一体”职能与农村生产、生活、生态“三生同步”、一二三产业“三产融合”全面对接，以金融创新实现价值共振。

（五）支持新型农业经营主体开展资金互助

发展农村合作金融，是解决农民融资难问题的重要途径，是合作经济组织增强服务功能、提升服务实力的现实需要。湖北省供销合作社适应农民需求，积极争取政策，推进服务创新，引导各地供销合作社依托当地优势产业，发展新型农业经营服务主体。湖北省财政部门也积极支持，在省供销合作社部门预算中编列农民专业合作社发展专项资金支持供销合作社领办创办农民专业合作社。截至 2018 年底，全省供销系统领办创办专业合作社 8238 家，新型农业经营主体开展资金互助单位 107 家，资金互助金额 19371. 8 万元。其中，利川市专业合作社、梁子湖区供销合作社村级综合服务社开展资金互助金额均在 2000 万元以上。建始县供销社还探索了农民“带地入股、保底分红”方式加入专业合作社新模式，让资源变资产、资金变股金、农民变股民。

第九章　合作金融服务

一、山东省供销合作社信用互助业务的探索实践

近年来，山东省供销合作社系统认真贯彻中发 11 号文件、《山东省人民政府办公厅关于印发山东省农民专业合作社信用互助业务试点方案和管理暂行办法的通知》（鲁政办发〔2015〕8 号）以及《山东省地方金融条例》精神要求，以实施农村合作金融创新工程为抓手，不断加大信用互助业务引导规范力度，积极参与全省新型农村合作金融试点，信用互助业务稳步推进。

（一）探索历程

山东省供销合作社信用互助业务的开展大体上经历了三个阶段：

1. 第一阶段：探索阶段

早在 2003 年，山东省就有一部分基层供销合作社在其领办的农民专业合作社内部探索开展信用互助业务。2005 年，省供销合作社开始研究推进基于农民互助的农村融资服务体系建设。在有关方面的配合支持下，全省供销合作社系统第一家向农民专业合作社投资、提供融资担保和互助资金调剂服务的农合信用担保公司由滕州市供销合作社发起设立。2007 年，省供销合作社安排部分重点县市区启动农民专业合作社信用互助业务及相关工作，并采取以会代训等形式，大力推广成功经验。在这一过程中，逐步形成了供销合作社建设农村融资服务体系的总体思路：把握农村信用特点，依托生产经营合作，融入经营服务体系，自下而上逐步推进。2010 年，省政府下发的《关于

加快构建农村现代经营服务新体系全面推进供销合作社改革发展的意见》（鲁政发〔2010〕31号），对供销合作社探索推进农村融资服务体系建设的相关任务提出明确要求，全省供销合作社抓住机遇，加大工作推进力度，并在开展农民专业合作社信用互助、搭建为农民专业合作社服务的融资平台、参与农村资金互助社试点、与金融机构建立合作机制等方面取得了突破。银监会在山东资金互助社试点的两家合作社都是供销合作社领办的，一家是沂水县姚店子供销合作社领办的德农生姜种植专业合作社，另一家是诸城相州供销合作社领办的绿洲蔬菜生产专业合作社。2012年，省供销合作社下发《关于推进农村信用合作融资服务体系建设的意见》（鲁供字〔2012〕11号），对加快推进农村信用合作融资服务体系及相关工作提出了指导意见。全省供销合作社系统开展信用互助业务的农民专业合作社一度达到600余家，部分基层供销合作社探索开展了农民专业合作社之间的资金调剂业务，20多个县级供销合作社成立了农合信用担保公司，并以此为平台为农民专业合作社提供投资、融资担保和互助资金调剂服务。

2. 第二阶段：规范清理阶段

2014年，山东省供销合作社系统农民专业合作社信用互助业务进入规范清理阶段。2014年初，省政府组织有关部门对全省农民专业合作社开展信用互助业务情况进行专题调研。2014年8月，省政府办公厅下发了《关于引导规范农民合作社信用合作的通知》（鲁政办字〔2014〕107号），就农民合作社信用互助业务规范清理工作作出部署。同期的山东省供销合作社综合改革试点方案将农村合作金融列为试点的重要内容之一，并专门制订了农村合作金融创新工程实施方案，确定在10个县市区开展专项试点。为做好清理规范工作，省供销合作社依据鲁政办字〔2014〕107号文件的要求和省政府主要负责同志多次批示精神，连续下发多个文件，就清理系统外农民专业合作社挂靠，设置银行式营业网点、大厅、柜台，悬挂“资金互助”或“信用合作”牌子，对外宣传，设立代办点，聘请代办员或社员代表，以及清退企业出资等工作，作出了部署，提出了要求。经过清理，截至2014年底，全省供销合作社系统开展信用互助业务的合作社为216家，社员互助资金出资总额9.6亿元。2014年底，经省编办同意，省供销合作社成立了合作金融处，负责全省供销合作社系统农村合作金融服务的推进工作，履行系统内部农民专业合作社信用互助业务的指导、监管职责。

3. 第三阶段：试点阶段

2014 年底，国务院批准山东为全国农村合作金融唯一试点省。2015 年 1 月，省政府印发试点方案和管理暂行办法（鲁政办发〔2015〕8 号），随后召开了试点工作动员会议，确定首批在 17 个市的 27 个县市区进行试点。全省供销合作社系统积极参与新型农村合作金融试点，省供销合作社采取召开试点工作推进会座谈会、举办专题培训班、组织现场观摩会、开展信用互助业务大检查等形式，加大工作推进力度。供销合作社系统率先创造出规范农民专业合作社信用互助业务的“448”“436”和“556”等工作模式。其中，滕州市级索供销合作社领办的级翔果菜专业合作社探索出的“448”工作模式，即坚持“民主决策、社员自愿，封闭运行、独立核算，小额分散、自担风险，稳妥推进、依规规范”四项原则；规范“社员资格、社员出资、借出业务和规范规章制度”四项内容；将业务流程细化为“申请授信、授信评议、申请借款、借款审批、资金归集、借款发放、到期回收、本金归户”八步。该模式得到了省政府的充分肯定：既体现了省里的基本要求，又简单明了，非常实用，值得总结推广。在试点过程中，山东省供销合作社把防范风险放在首位，进一步加大规范清理力度，经过组织开展全省供销合作社系统信用互助业务实地全面检查，发现并清理了一批挂靠供销合作社以及不符合开展信用互助业务基本条件的农民专业合作社。同时，通过开展专业的培训，新推动一批具备开展信用互助业务条件、供销合作社有掌控力的农民专业合作社开展信用互助业务。截至 2018 年底，全省供销合作社系统规范开展信用互助业务的合作社 304 家，可用于互助的资金余额 8 亿多元。其中，取得地方金融监管局试点资格认定书的合作社达到 200 家，占全省试点合作社总数的 46%以上，是试点的主力军。全省启动的第一家也是目前唯一一家农民合作社联合社信用互助业务试点，落户安丘市石埠子供销合作社。

（二）业务模式

1. 农资经营带动型

这种模式主要是指在一定区域内拥有较高的农资市场份额，农资价格优势明显，质量可靠，且与之配套的农业技术服务能力较强的基层供销合作社或供销合作社控股的农资经营企业，围绕当地农业主导产业或特色优势产业领办农民专业合作社，以农民专业合作社为基本载体依托生产经营合作开展信用互助业务。比如枣庄市山亭区水泉供销合作社依托农资经营领办农资供销专业合作社、曲阜市供销合作社双联农资公司依托农资经营领办金满囤种植专业合作社。依据目前山东省供销合作社的实际，相当一部分基层供销合作社和县域社有农资公司，包括供销合作社的一部分较大的村级门市部，都具备领办农民专业合作社开展信用互助业务的工作基础和条件，因而这种模式有较强的可复制、可推广性，可以在较大的面上推开。

2. 农产品加工销售带动型

这种模式要求具有较强的加工、销售等服务功能，能够在很大程度上主导一个产业链，农民社员处在其主导的产业链上，收入高而稳定，且不需承担太多的市场风险，有不断扩大再生产的资金需求，这样的基层供销合作社或供销合作社控股的农产品公司，依托农产品加工、销售等服务功能，围绕当地农业主导产业或特色优势产业领办农民专业合作社，以农民专业合作社为基本载体，依托生产经营合作开展信用互助业务。比如临沂市河东区供销合作社领办的河东鲁盛养鸭专业合作社，依托鸭苗孵化、饲料赊销、统一防疫及成品鸭回收、屠宰加工、销售全产业链服务，在合作社内部开展信用互助业务。

3. 仓储服务带动型

该模式是指拥有仓储特别是冷藏服务设施的基层供销合作社或供销合作社相关控股企业，围绕当地农业主导产业或特色优势产业领办农民专业合作社，以农民专业合作社为基本载体，依托社员的生产经营合作，主要面向社员中的生产经营大户开展金融服务。如临沂市河东区郑旺供销合作社领办大蒜种植专业合作社和滕州市供销合作社果品盐业总公司领办果蔬专业合作社开展信用互助业务。这种金融服务模式的特点是：合作社以社员中的生产经营大户存放在仓库中的货物做抵押，按一定比例向其提供资金服务，运行非常安全。从山东省情况来看，随着各地供销合作社为农服务中心建设速度的加快，作为其核心项目的仓储服务设施建设进展较快，因而这种模式也叫

"库贷挂钩"或"仓单质押"，开展信用互助业务有较大成长空间。

4. 综合服务带动型

这种模式主要是指传统经营服务项目比较健全且运行比较正常的基层供销合作社，围绕当地农业主导产业或特色优势产业领办农民专业合作社，以农民专业合作社为基本载体，依托生产经营合作开展信用互助业务。其特点是互助资金使用的回旋余地较大，使用效率较高，预期回报比较稳定，可持续发展的能力较强。如莒县夏庄供销合作社领办的花生专业合作社，依托农资供应、日用品超市和花生收购、加工、销售等服务功能开展信用合作；安丘石埠子供销合作社领办樱桃等一批专业合作社，依托农资供应、日用品超市、农产品收购、储藏、销售等服务功能开展信用互助业务。

5. 土地托管服务带动型

这种模式是指土地托管服务功能比较完善的基层供销合作社和供销合作社相关控股企业，依托其相对健全的全程社会化服务功能，特别是测土配方、智能配肥、飞防植保、烘干、贮存、销售等服务手段，通过开展党建带社建、村社共建，与村集体合作，动员村民采取资金入股、土地入股等形式加入专业合作社，开展信用互助业务。如滕州市丰谷农资与东王庄村共同创办舜耕粮蔬专业合作社开展信用互助业务。

此外，有的地方还探索出旅游服务带动、自有资金服务等发展模式。前者如青州市供销合作社领办的孝美侯王旅游专业合作社，该专业合作社将农家大院、乡村别墅、集装箱农家乐、孝文化体验、草莓蔬菜采摘、有机农业观光、农民画结合在一起，吸引人们前去旅游消费。为完善服务项目、扩大生产经营规模，在合作社内部开展了信用互助业务。后者如临朐县冶源供销合作社领办的祥源果蔬专业合作社，该供销合作社利用几年前镇里补偿的 400 万元拆迁款，向以从事小五金加工为主体的基层社职工提供小额贷款式的资金服务。在风险控制方面，采取由在基层社领工资的行管人员提供信用担保的办法，非常简单有效。通过这种模式，不仅解决了职工生产经营所需资金，还给基层社增加了 200 多万元的效益。

在此基础上，联合社信用互助业务在探索中逐步开展，并摸索出了一些路子。在乡镇层面，部分基层供销合作社依托自身经济实力、经营服务能力、信誉、特别是管理人才等优势，组建农民合作社联合社，依托基层供销合作社或联合社中的强社成立信用互助部，一方面为各专业合作社提供统一记账服务；另一方面，在不同专业合作社以及基层供销合作社不同经营部位之间，开展季节性闲置互助资金的调剂服务。以莒县夏庄供销合作社为例，该基层供销合作社相继领办了花生、茶叶、养猪、养兔等专业合作社。其中，依托花生专业合作社开展了信用互助业务，并将资金互助业务延伸至养猪、养兔、茶叶等专业合作社以及基层社的日用品超市、农资超市等社属经营单位，利用彼此之间业务淡旺季的时间差，开展资金融通互助。

安丘市石埠子供销合作社在领办的 4 家农民专业合作社参与信用互助业务试点的基础上，经金融办批准，从 2018 年初开始在石埠子农民专业合作社联合社开展信用互助试点。目前，共开展资金互助业务 61 笔，提供资金 162.5 万元，建设现代化大棚 41 个，购买农机 32 台，高效助农增收 263 万元，受到当地农民群众一致好评。

在县级层面，形成了三种类型的发展模式：第一种模式是县域农村合作经济组织联合会内部的信用互助。此种模式虽然严格按照社员制、封闭性原则进行，制度健全完善，但因为缺乏实体性，存在较大的法律风险。第二种模式是依托县域农村合作经济组织联合会成立农合信用担保公司，搭建内部信用担保融资服务平台。此种模式，特别是其中的投资和信用担保业务，虽然解决了实体性和合法性问题，但由于成员间经济社会联系不够紧密，存在较大的信用风险。第三种模式属于典型的县域农民合作社联合社信用互助业务。此种模式严格按照社员制、封闭性原则进行，制度健全完善，又是在工商注册登记，法律风险相对较小。以临沂市河东区供销合作社为例，该区供销合作社已在本系统领办创办的 14 家农民专业合作社内部开展了信用互助业务，并适时组建了农林牧专业合作联合社，联合社利用不同合作社用款的季节差异，负责调剂各合作社的资金余缺，提高资金使用效率，形成了以合作社信用互助业务为基础，以联合社为平台，由区供销合作社实施监管的县域农村融资服务体系。这是山东省供销合作社系统第一个县级信用互助合作社联合社。联合社信用互助业务的探索开展，彰显出供销合作社在农村合作金融发展中的特殊优势和地位。

（三）基本经验

1. 与生产经营紧密结合

这是供销合作社信用互助业务的发展定位。这一定位也客观地诠释了供销合作社信用合作的“熟人社会”或者“内部性”的特征，即强调生产经营的联系及其所形成的相互制约。这也是合作金融与其他金融的本质区别，即依托生产经营合作开展信用合作，没有生产经营合作的基础，不允许开展信用合作。信用互助资金只能用于服务合作社和社员生产经营的流动性资金需求，不允许挪作他用。对违反此规定的一票否决。实践证明，这一定位在很大程度上确保了互助资金的安全，也很好地促进了合作社和社员生产经营的发展。为确保该定位不偏移，应注意以下三点。第一，严格社员身份管理。社员必须是本区域内与本合作社行业相关、有实质性生产经营关系的农民、企事业单位和社会团体，承认并遵守合作社章程，按规定履行入社手续。第二，严格互助资金的用途管理。严格落实政策规定主要用于支持农民专业合作社生产经营的流动性需求，确保互助资金在社员之间调剂使用，用于社员和合作社的生产经营，做到“两头堵死、封闭运行”。在期限上以半年以下为主，一般不超过 1 年，严禁将互助资金用于固定资产等投资。第三，坚持以需定吸、够用就行的互助资金吸收原则。严禁超出本社社员和合作社生产经营的资金需求擅自扩大互助资金吸收规模。山东试点规定村级互助资金不超过 500 万元，镇级不超过 1000 万元。目前，全省供销合作社系统农民专业合作社互助资金平均规模为 200 余万元，远低于政策规定的限额。

2. 保持供销合作社对信用互助业务的掌控力

在具体责任落实上要实行“三责一体”，即要求业务开展正常的基层社主任和社有企业负责人带头领办专业合作社开展信用合作，并兼任合作社理事长和信用互助部负责人，一人担起三份责任。之所以这样要求，是因为开展信用合作特别需要责任心，而供销合作社系统责任心最强又适合开展信用合作的非他们莫属。对经批准允许开展信用互助业务的农民专业合作社联合社，要求社员要向供销合作社领办的农民合作社联合社入股，同时联合社也要向成员社入股，通过相互入股从股权上形成一种相互制约和相互监督的关系。决不允许社会上的合作社包括供销合作社一般职工领办的合作社挂靠供销合作社开展信用互助业务，对已经开展的下决心进行清理。

3. 健全完善信用合作内控机制

第一，完善内部治理结构。建立健全社员代表大会、理事会、监事会和管理层，科学设置股权结构特别是单个社员的最高出资比例，防止出现一股独大或无人担责问题的发生，切实落实民主管理。第二，完善岗位责任制度。合作社内设信用互助部，根据不相容职务相分离的原则，相应设置出纳、业务、稽核等岗位，明确各岗位的责任。第三，加强基本业务流程管理。严格规定社员使用互助金基本程序及规定，包括用款社员提出申请、信用互助部人员考察、签订担保或其他保证合同、召开审查会等办理流程，环环相扣、按流程办理业务。第四，坚持独立核算、规范运营。信用互助业务单独开立账户，单独设会计账簿，独立核算。要求按照规定标准，进行账务处理。第五，完善分配管理。年终盈余分配实行送股和现金分红相结合的方式，送股优先，以有效扩大合作社的资本积累，通过资本的累积分散运营风险，同时增强社员的稳固性，充分发挥股权的激励作用。鲁政办发〔2015〕8 号下发后，省社按照其规定要求，全面加强对社员、社员出资、借出业务和规章制度的规范，进一步完善了内控机制。

4. 注重发挥供销合作社系统优势

充分发挥供销合作社的系统优势，自下而上地组建农民合作社联合社，在联合社内部探索开展信用互助业务，帮助系统内开展信用互助业务的农民专业合作社搞好闲置互助资金的调剂，以提高互助资金使用效率和社员出资的回报率，促进信用互助业务的持续发展。为此，按照“谁主管、谁负责”“谁审批、谁负责”的要求，明确县级供销合作社的监管主体责任。县级社成立专门的监管服务机构，制订并不断完善监管办法，加强对信用互助业务的常态化管理。对系统内专业合作社投放的互助金实行审查备案制，掌握每一笔互助金的投放范围和质量。建立预留备付金、提取风险准备金和盈余公积制度。采取定时定点的方式进行的常规监督，加强信用互助业务的常规审计，同时不定期对合作社的社员管理、货币资金内控管理、借款风险管理等重点管理环节进行抽查，发现问题责令限期改正。2019 年初，省社下发了《山东省供销合作社联合社信用互助业务风险评估管理办法》，引入第三方评估机制，对没取得试点资格的合作社进行风险评估，加大风险防控力度。

与此同时，应积极探索建立并不断完善保险代偿机制。山东省供销合作社积极探索构建“信用互助+保险”的风险防控体系，进一步分散化解风险，收到积极效果。已有22个县市区的100多家合作社参加了小额借款人意外伤害保险，累计收缴保费413.3万元，承保标的17.2亿元；13个市29个县市区供销合作社开展了补充商业保险试点，累计投保险种10个、面积13.16万亩。相关配套保险业务的开展，有效地降低了信用互助业务风险。

二、江苏省兴化市供销合作社信用互助业务的探索实践

江苏省兴化市是农业大市，全市面积约2393平方公里，人口约160万，是江苏省首批亩产吨粮县；是国家十大粮食生产先进县标兵，中国河蟹养殖第一县（市）；是国家商品粮，果蔬，淡水产品等重要生产基地。培育了以兴化市大米、兴化红皮小麦、兴化啤酒麦芽为主的优质粮食产业，淡水产品总产量30万吨、年出栏生猪110万头、出栏羽禽1300万羽、上市蛋品13万吨。兴化市建有全国最大的粮食交易市场和全省最大的淡水产品交易市场，年交易额均在150亿元以上。

（一）兴化农合联社信用合作基本情况

整合各方资源，积极探索搭建市供销社主导、供销集团中合联公司服务、地方政府支持的乡镇农合联社，以其为主体搭建“三位一体”平台。即市供销社牵头，以基层供销社为依托，联合乡镇范围内的专业合作组织、家庭农场、种养殖大户、农民专业化合作社和农民代表，成立乡镇农民合作社联合社。乡镇农合联内设生产服务部、供销服务部、信用服务部，是“三位一体”的供销合作社新型基层组织。坚持发展定位，供销社的合作金融不是银行，而是服务合作社生产、供销的内部信用活动，强化生产销售和信用合作的联系，立足兴化丰富的农业资源和优质的产业基础，发挥“三位一体”创新优势，更好地落地为“三农”服务。

截至2018年底，全市已建立23家乡镇农合联社，有8家在乡镇农合联社内部开展信用服务，吸收社员互助金1.3亿元，累计投放1653笔，合计金额

3.2 亿元。目前在投放 672 笔，投放 1.42 亿元。其中，单笔最大金额 50 万元，最小额 2000 元。

（二）主要做法

1. 信用合作部的组建形式

首先，乡镇农民合作社联合社整合乡镇区域产业链及生产资源。其次，在联合社基础上，由基层供销社主任牵头，联合村支两委干部、种养殖大户等本镇农村精英共同作为发起人，组建信用合作服务部开展信用合作。信用合作业务坚持社员制、封闭性、不吸储、不支付固定回报的原则，入股自愿、退股自由。农合联社社员自愿交纳资格股，参与信用合作并享受信用服务。

2. 信用合作部的监督管理

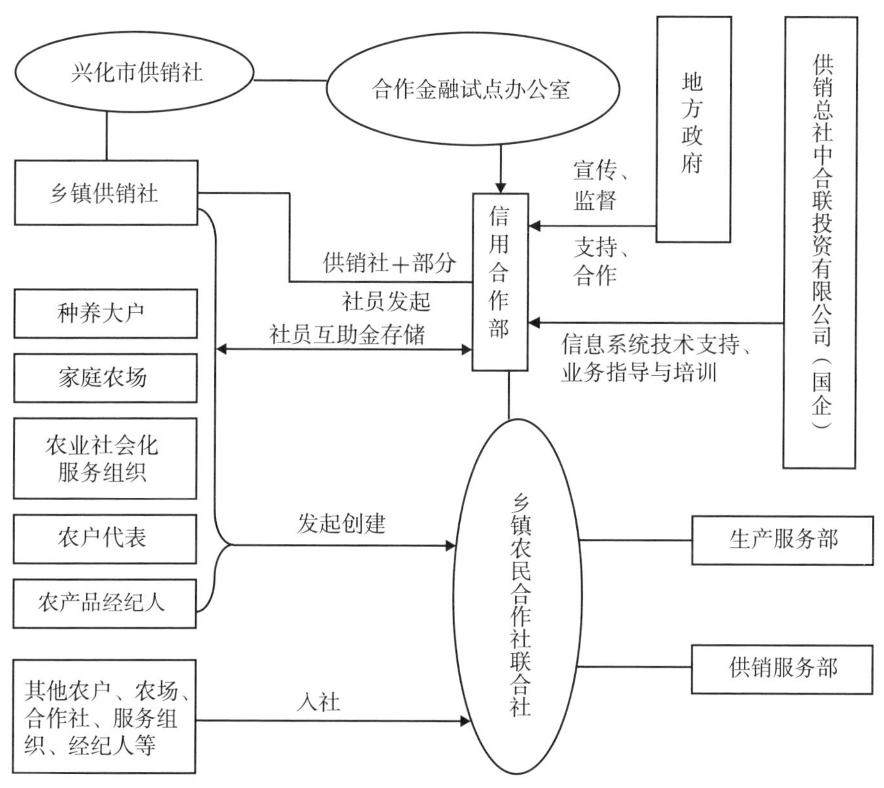

图 1　信用合作部监督管理示意图

信用合作部执行农合联社社员代表大会决策，接受理事会管理，监事会监督，成立专门团队并独立核算。兴化市社成立合作金融试点领导小组下设专门办公室对农合联社信用服务工作进行全面监督、管理和协调，做到一季度一检查，年终评审，发现苗头，立即整改，将风险控制在初始阶段。乡镇政府对信用合作业务进行监督和宣传，并背书负连带担保责任，同时由副镇长出任农合联社监事长。

3. 外部技术支持和监督指导

信用合作业务由供销集团旗下的中合联投资公司提供技术支持，包括统一完善的资金财务管理信息系统、统一编号的业务票据和章程、财务制度、借款流程、股金管理等，并针对性地开展业务培训。中合联公司通过线上信息系统实时监控和线下定期审计，对农合联社信用合作业务进行外部监管和指导，发现问题及时向市供销社金融办进行风险提示。

4. 资金安全防控

市社金融办根据各区域经济情况规定了每家农合联社信用部互助金的总额，一般规定各家总规模 500 万～3000 万元不等，互助金借款坚持小额化、低息化、成本化特征，单户 10 万元以下，超过 10 万元报批。同时要求缴纳 20%保证金存入银行，作为风险准备金。每一笔的风险金投放和互助金的存放，都在第三方银行托管，确保资金的安全。农合联社的理事长、信用部经理，以及发起人都经过市社金融办任职资格的审查，签订责任书，出现风险每个人都承担连带担保责任，在每笔发放互助金时，有一票否决权，确保互助金的安全。

（三）主要经验

1. 整合乡镇区域优势产业链

农合联社的信用合作范围主要在乡镇，整合乡镇内区域优势产业链，信用合作区域布局合理，信息更为对称。例如，陶庄镇农合联社围绕种植业将农业生产各环节资源充分整合，功能覆盖了从技术服务、农资供应、农机服务、生产管理、烘干储存及销售的全程服务，联合社社员包括绿蛙植保合作社、粮食生产合作社、农机合作社、粮食加工企业、农资供销主体以及家庭农场和种植大户。又如合陈镇农合联社基于螃蟹和生猪两大优势产业，整合了镇域范围内的相关经营主体。

2. 为联合社的生产和供销产业链提供资金支持

信用服务部直接服务于农合联社的生产和供销产业链，为联合社的生产和供销产业链提供资金支持。一方面信用合作地理布局更接近需求；另一方面同一产业链内各个经营主体的信息更为对称，可缓解金融服务中的逆向选择和道德风险。

3. 以供销社为依托，构建了满足社员借款需求的合作机制

社员互助金小额借款成本较低，有利于满足社员零星需求，有利于缓解弱势群体的借款难题，有利于推动农村普惠金融的服务以缓解“三农”融资难、融资贵问题。

4. 高效灵活的资金运转和风险保障机制

互助金筹集和投放手续简单，速度快，效率较高。借款管理成本低，盈利水平逐步提高，并具备一定规模，信用合作可持续发展能力较强。信用合作基于地缘优势，以公职人员、社员、乡镇经济大户担保和土地经营权、螃蟹池塘、鱼虾池塘、承包权抵押等抵押方式担保，为信用合作提供风险保障，大大提高了社员信贷的可获得性。

第十章　参股中小银行

一、黑龙江省供销合作社参股大庆农村商业银行

大庆农村商业银行股份有限公司是经中国银监会批准，于 2014 年 12 月 18 日在原大庆市市区农村信用合作联社与大同区农村信用合作联社的基础上改制而成，由境内自然人、企业法人和其他经济组织依照《公司法》《商业银行法》等法律法规，以新设合并方式发起设立的具有独立企业法人资格的地方性金融机构。大庆农村商业银行注册资本人民币 10 亿元，拥有支行 29 家，分理处 16 家，以股权链接的方式对辖内林甸、杜蒙、肇州、肇源四家县级农商行自上而下控股，分别持股 34%，实行集团化运营管理模式。截至 2017 年上半年，大庆农商行（含四家县级农商行）负债总额 526.3 亿元，较年初增加 106.1 亿元；资产总额 560.6 亿元，较年初增加 108.9 亿元；当年到逾期贷款 73.1 亿元，已收回 71.5 亿元，回收率 97.8%；表内不良贷款余额 2 亿元，较年初下降 1.1 亿元；表外不良贷款清收 4983 万元，整体经营情况和发展势头良好。

2017 年 5 月，大庆农商行启动增资扩股，采取定向募集方式，向银行原有股东、内部员工、战略投资者及其他优质股东定向募集股份 12 亿股。本次募股采取溢价发行，每股票面金额 1 元，发行价为 1.8 元，溢价 0.80 元，用于处置大庆农商行不良资产。处置不良资产后剩余的资金，计入银行资本公积。为拓展供销合作社服务“三农”的渠道，搭建供销合作社金融服务平台，

按照黑龙江省社部署安排，黑龙江惠丰农村合作金融股份有限公司（以下简称惠丰公司）于2017年6月开始与大庆农商行进行接洽。9月，黑龙江省社与大庆农商行签署战略合作框架协议，由惠丰公司参与大庆农商行股份募集。截至2017年末，大庆农商行总股本15.1亿股，其中，黑龙江省社通过惠丰公司投资1.98亿元认购1.1亿股，成为第一大股东，持股比例7.3%。

大庆农商行在支持“三农”、农业科技创新等领域有着丰富的经验，决策链条短、市场反应快，具备地缘、人缘优势。黑龙江省社通过参股大庆农商行，以较小的资金占用取得了较好的收益，按照每股8%的约定分红比例，预计2018年可分红800万元。同时，拓宽了融资渠道，降低了融资成本，参股大庆农村商业银行后，黑龙江省供销系统在大庆农商行共新增融资10.12亿元，盘活了省供销社系统存量资产，提升了供销合作社服务“三农”能力和水平。此外，参股大庆农商行极大地促进了省供销系统的产业创新和发展，新增的10.12亿元融资除2亿元用于传统生产资料产业外，其余全部用于粮食产业和乳品牧场等省社新兴项目，拓宽了供销合作社经营服务领域，增强了发展后劲。

二、贵州省供销合作社参股贵州普定农村商业银行

贵州普定农村商业银行股份有限公司是经中国银监会批准，在普定县农村信用合作联社的基础上发起设立，以股份有限公司形式存在的农村商业银行。实行一级法人、统一核算、分级管理、授权经营的管理体制。普定县农村信用合作联社自1995年10月1日成立以来，始终秉承服务“三农”、服务社区、服务中小微企业的宗旨，不断变革创新，各项业务均得到了长足发展。截至2016年10月，共有固定营业网点23个，在全县162个行政村均设有“村村通”便民服务点。截至2016年10月末，普定联社各项存款余额43.1亿元，占当地市场份额52.8%；各项贷款余额28.2亿元，占当地市场份额38%；资产规模44.3亿元，已成为普定县域内资产规模最大、存贷款余额最高、支农支小力度最强、网点覆盖最广、金融服务面最宽的地方性银行金融机构。

2016年6月，普定农村商业银行面向符合银监会认可的优质境内自然人、境内非金融机构、境内银行业金融机构和非银行业金融机构以溢价发行方式进行定向募股，每股发行价1.55元。改制后的贵州普定农商行注册总资本为人民币21757万元，贵州省社直属供销储运公司出资3414万元认购股份1985万股，持股9.12%，与安顺天瑞房地产开发有限公司并列第一大股东。

贵州省社参与发起设立普定农村商业银行是响应地方政府号召、完善地方金融体系，服务实体经济、助力脱贫攻坚和乡村振兴的重要举措。通过参与发起设立普定农商行，贵州省社一方面能够得到股息红利等投资回报和普定农商行对供销系统内直属企业、新型农业经营主体等的授信支持，提高供销合作社经营服务能力；另一方面能够推动与普定农商行的深入合作，共享客户资源，拓宽合作领域，提升供销系统企业的知名度和形象，提高供销合作社的号召力和社会影响力。

第十一章　融资担保服务和小额贷款

一、融资担保服务

浙江省农业融资担保工作起步早、发展快、后劲足，为促进金融资本“下乡”扶农惠农发挥了积极作用，有效破解了农业生产经营融资难、融资贵的。截至2018年末，浙江省共有融资性担保机构382家，平均注册资本1.24亿元，融资性担保业务余额962.17亿元，其中有235家融资性担保公司涉及“三农”业务，年末在保责任余额52.24亿元，在保农业企业、专业合作社、种养殖户1.25万户，户均担保金额41.79万元。

浙江省供销合作社系统作为为农服务体系建设的重要力量，早在21世纪初就开始积极参与组建政策性农业担保公司。2002年10月，温州市供销合作社在当地政府的支持下，组建了全省系统第一家担保公司——温州市农信担保有限公司，专业从事为农业企业、专业合作社和农户的贷款担保。

目前全省供销合作社系统共有37家农信担保公司，总注册资本14.74亿元，其中社有股份7.19亿元，占比48.78%。2018年累计担保8116笔，总额28.13亿元，汇总实现利润1409万元。近五年来共提供“三农”贷款担保3万余笔，累计担保金额将近100亿元，年均受益农业生产经营主体超过1万户，真正成为帮助各类农业经营主体获得银行信贷的有效载体。

（一）浙江省供销合作社系统农信担保公司发展情况

浙江省供销合作社系统开展政策性农信担保体系建设的探索与实践已经

走过了十七个年头，始终遵循融资担保业务准公共产品的属性，聚焦支农主业，合法规范运行，但同时也经历了业务品种单一、担保风险增加等过程，并通过运行模式的不断调整和管理制度的逐步完善使得供销合作社系统农信担保体系长期保持稳健运行。其发展大致可分为三个阶段。

1. 探索试点阶段（2002—2007 年）

浙江省温州市和瑞安市对由供销合作社牵头组建政策性农业担保公司进行了成功的探索。2002 年 10 月，经温州市政府批准，由温州市供销合作社牵头成立了温州市农信担保有限公司，公司注册资本为 600 万元，其中市财政和供销合作社各占 50%。在温州市的示范推动下，2003 年 2 月，瑞安市人民政府也批准设立了瑞安市农信担保有限公司。公司注册资本 500 万元，瑞安市财政出资 245 万元，占 45%，瑞安市供销合作社出资 255 万元，占 55%。两个公司均按照《公司法》和企业化运作的要求，分别成立了股东会、董事会、监事会和经营班子，并以服务“三农”和控制风险为重点，建立了一整套适合农村金融服务特点的规章制度。随后，苍南、永嘉、乐清等地供销合作社相继出资组建农信担保公司，率先在温州市初步建立了市、县、基三级农信担保体系，市、县农信担保公司充分利用供销合作社的人才、资产、设施、经营网络等资源开展经营业务活动，在基层供销合作社建立办事处，由基层供销合作社干部兼任农信调查员，对贷款担保进行调查、反馈、跟踪、催收。

2. 全面推广阶段（2007—2014 年）

省供销合作社在充分调研分析后，决定依托自身资源，通过上下联动、内外结合，抓点做样推动农信担保服务的开展，逐步在 17 个县（市、区）进行推广。截至 2012 年初，全省供销合作社系统成立的农信担保公司 40 家，注册资本 7.8 亿元，累计提供担保 15584 户（次），担保总额 76 亿元。但随着《浙江省融资性担保公司管理试行办法》等规范性文件的出台，全省担保公司注册资本必须要求达到 2000 万元以上，为此通过县市供销合作社积极争取当地政府有关部门支持，对现有的农信担保公司开展增资扩股，并在规定期限内申领了经营许可证。由于部分经济欠发达地区的供销合作社或财政经济实力不强，没有能力增资扩股，导致诸如平湖、浦江、磐安、云和等农信担保公司无能力增加注册资本金，经营许可证无法领取，最终被迫退出担保行业。到2014年末，全省供销合作社系统共组建成立农信担保公司41家，注册资本金11.06亿元，其中社有资本6.43亿元，占比58.12%，累计为种养殖户、农民合作社、涉农企业担保总额突破100亿元，进一步增强了供销合作社为农服务功能，助农增效增收效果十分显著，得到了当地政府有关部门的充分肯定，深受农民的欢迎。

3. 转型发展阶段（2015年至今）

以深化生产、供销、信用“三位一体”改革和农合联体系构建的有利契机，有序开展授信贷款和担保贷款相结合的农合联普惠金融服务，建立健全广覆盖、多元化的农信担保服务体系，并将尽快消除担保服务空白县。根据《关于深化供销合作社和农业生产经营管理体制改革构建“三位一体”农民合作经济组织体系的若干意见》（浙委发〔2015〕17号）的文件要求，信用服务是“三位一体”改革的重要“一位”和关键环节，主要围绕农村金融供需不协调、不平衡这块短板，建立健全以信用评定为基础的授信贷款和担保贷款相结合的面向农合联会员的普惠金融服务体系。因此，在担保服务方面，一是鼓励现有市、县农信担保公司积极参与全省农业信贷担保体系建设，目前已有8家系统农信担保公司重组改造为政策性融资担保公司；二是鼓励各地发展保险公司保证保险、创新合作组织互助担保等，为农合联会员向农信机构贷款提供多种形式担保服务；三是深化与省农信担保公司的协同作用，在44个县级农合联设立担保服务办事处、代办点，基本搭建起了农业信贷基层担保服务体系。

全省供销合作社系统农信担保服务经过上述三个阶段的建设发展，初步形成了三种类型的担保组织体系模式：第一类是温州农信担保服务模式，即建立市、县、基三级农信担保体系，目前温州地区共有市级农信担保公司1家，县级农信担保公司8家，实现了农信担保服务全市覆盖。第二类是杭州农信担保服务模式，即通过市级农信担保公司——杭州供销农信担保公司与县级供销合作社合作设立分公司的形式，实现了农信担保服务全域覆盖。第三类是农合联基层农信担保服务模式，即省农信担保公司与各地农合联开展合作，采取设立基层办事处、代办点方式，实现了全省农业县（市、区）担保服务全面覆盖，力争消除担保服务空白县。

（二）浙江省供销合作社开展政策性农信担保服务的主要特点

1. 政府主导支持

当地政府对供销合作社组建农信担保公司给予了有力支持，大部分的农信担保公司由供销合作社与政府共同出资组建，财政股本高达四成以上。特别是近年来，供销合作社系统农信担保公司积极参与全省政策性融资担保体系建设，合计引入国有资本（含财政资金）4.26 亿元。同时，政府财政部门还在担保风险补偿金等方面给予了配套的补助政策。

2. 与银行紧密合作

浙江省供销合作社系统农信担保公司主要依托各级农村信用社机构为放贷主体，长期开展稳定的业务合作，建立平等互利的共赢模式。农信担保公司把注册资金存入农村信用社机构作为担保保证金，农村信用社根据风险控制能力，合理确定给予不超过 10 倍的担保放大额度。利用供销合作社组织体系、经营网络长期扎根农村、贴近农民、服务农业、熟悉农情的优势，与农村信用社专业化的尽职调查、资信评估审核形成有益互补，重点解决了银行与农业企业、合作社和农户之间信息不对称问题，在银农之间搭建起一座桥梁。

3. 保费利率优惠

浙江供销合作社系统农信担保公司坚守政府性融资担保机构的准公共定位，实行公益性与市场化相结合的运作模式，在可持续经营的前提下，保持较低费率水平，涉农担保费率原则上不高于 1%，预计每年可让利惠农 8000 万元以上。同时通过协调合作的农信机构给予优质的担保借款农户适当的利率优惠，融资的综合费率（利率和担保费、服务费等总和）原则上控制在 8% 以内，切实降低“三农”的融资成本。

4. 风险共担机制

着力推动建立风险共担机制及风险补偿机制。与农村信用社实施 2∶8 风险共担协定，担保贷款坏账损失部分由农信担保公司承担 80%，各级农村信用社承担 20%。各级财政部门为农信担保公司建立风险补偿金，省级财政部门对符合条件、经营规范的农信担保公司，每年按不超过融资担保总额 1% 的比例进行风险补偿。如嘉兴市财政部门除了提供 0.5%的补偿补助外，还建立了代偿补助机制，对符合规定的代偿损失给予最高 50%的代偿补助，从而有力地增强了担保违约风险的抵御能力。

5. 审慎规范运作

由于担保是帮助分散风险的重要途径之一，供销合作社系统的农信担保公司要以独立经济主体身份开展市场化运作，先后制定完善了调查审核、风险评估、追偿处置等相应配套管理制度。目前农信担保公司主要依托基层供销合作社（农合联）负责人、村党员干部、合作社带头人等，及时掌握农户生产经营情况和贷款担保需求，由业务员通过实地走访调查，详细了解每一笔担保申请相关联的家庭资产、主业经营、资信评价等状况，认真判断风险程度、家庭偿还能力、反担保人的代偿意愿及能力，再由审核决策小组对担保申请进行集体决策。坚持“小额、分散”原则，涉农担保金额一般控制在 100 万元以内，确保违约率基本维持在 1.5%以下。此外，杭州市供销农信担保公司已借助互联网、大数据技术，通过嫁接专业的信息系统、量化风险评价体系再造担保业务流程，实现线上逐级完成担保业务的受理、调查、审核、批准等，有效减少农民办理担保手续的时间和费用。

二、小额贷款

（一）重庆市供销合作社开展农民专业合作社小额贷款的实践

农民专业合作社是由从事同类农产品生产经营的农民或龙头企业自愿组织起来，按照合作制的原则进行生产、加工、销售和分配等活动，以共同抵御风险，提高农民收益的新型农民经济组织，是实现农民脱贫致富的有效途径。而资金匮乏，融资难、融资贵是长期以来制约农民专业合作社发展的一大难题。重庆市供销合作社抓住供销合作社综合改革契机，积极实施乡村振兴战略，努力争取财政资金支持，加强与区县供销合作社上下联动，引导社有直属企业农信合作投资公司积极适应市场变化，创新金融支持方式，在总结前几年金融支农工作经验的基础上，2015 年初推出了农民专业合作社小额贷款试点，并在实践中取得了积极的效果。

1. 推出农民专业合作社小额贷款的背景

随着农村经济的不断发展，尤其是随着农村产业结构调整和土地流转的发展，农村经济主体出现了一些新的变化，以家庭联产承包责任制为主的传统的农业生产正在改变，农村经济的增长点已由原来分散的农户经营转变到有一定经营规模的集约化生产组织，各种农民专业合作社、个体农业种养殖大户等新的经济经营主体不断涌现。据统计，重庆市目前有32292个专业合作社。这些新兴的农村经济主体与分散的农户相比，其生产规模、科技含量、农副产品附加值都有了很大的提高，这势必增加他们的投入，资金需求旺盛，而这类农村经营主体因受特殊的条件限制，如农村房地产不能抵押、农副产品易变质、农业投入资源的分散性等特点，进一步制约着他们的资金融通，融资难、融资贵问题仍是农民专业合作社发展的瓶颈。

党的十九大报告在“实施乡村振兴战略”中明确提出：“发展多种形式适度规模经营，培育新型农业经营主体，健全农业社会化服务体系，实现小农户和现代农业发展有机衔接。”培育和扶持以农民专业合作社为代表的新型农业经营主体发展，成为新时代推进农业生产集约化、组织化、规模化、专业化，推动产业兴旺、实现乡村振兴的重要路径。针对农民专业合作社这新兴经济组织形式，为探索解决农民专业合作社融资难、融资贵问题，重庆市供销合作总社先后共争取财政专项资金5000万元，指导社有直属企业农信投资公司积极主动找准信贷切入点，敢于创新，研究应对策略与措施，从2015年开始便开展了农民专业合作社小额贷款试点。

2. 基本做法

（1）建章立制，规范管理

为加强农民专业合作社小额贷款管理，重庆市供销合作社与重庆市财政局共同制定了《重庆市农民合作社小额贷款资金管理办法》。该管理办法明确农民专业合作社小额贷款资金由市财政局与各级供销合作社及其企事业单位按1：1.5比例共同出资，注入重庆市农信合作投资有限公司，为重庆市农民合作社提供资金支持，解决农民合作社融资难问题。小额贷款发放对象限定为农民合作社，采取信用贷款、保证贷款、抵押贷款（包括生物资产和生产设施设备担保）三种方式，年利息率不高于10%（确需担保的，其担保等其他费用不得高于2%)。单笔贷款原则上不超过200万元，贷款期限不超过1年。申请小额贷款的农民合作社由区县供销合作社向农信投资公司推荐，并配合农信投资公司对农民合作社及相关担保方开展尽职调查。区县供销合作社及其企事业单位、农民合作社实际控制人及关联企业提供连带责任担保。

（2）积极争取财政专项资金支持

农民专业合作社小额贷款项目初步形成了以市级财政为主、区县财政为补充的两级财政支持体系。市供销合作社先后争取财政专项资金5000万元，由农信公司专项开展农民专业合作社小额贷款项目，并已全部实现投入。财政资金的引入，发挥了四两拨千斤的作用，通过财政支持引导市供销合作社、区县供销合作社参与配资，持续做大项目规模。对纳入小额贷款并按合同约定使用、按期归还的农民合作社支付的利息，市财政按照贷款的实际使用时间，给予贷款金额基准利率的贴息补助，降低了农民专业合作社的融资成本。部分区县财政立足当地实情，建立风险准备金担保机制，降低农民专业合作社小额贷款项目信贷风险。如奉节县、城口县、武隆县分别建立580万元、500万元、200万元农民专业合作社小额贷款项目风险准备金。

（3）农信合作投资公司专业化运作

重庆农信合作投资公司紧紧围绕“农村合作金融服务体系”的建设目标，整合系统内各方资源，借助系统组织体系优势，以提供金融支撑为手段，立足重庆地域特点和“三农”工作发展实际，针对农民专业合作社探索出“供销合作社的村级综合服务社网点推荐→乡镇基层社初筛推荐→区（县）供销合作社或农民专业合作社服务中心详细了解合作社资金需求的真实性和基本情况后批量推荐→农信公司尽调、审查、放贷”四级标准化工作流程，最大化节约了信贷调查成本和审批时间，金融服务更精准、有效，整个放款流程办结时间5~10个工作日。在信贷风险控制上，实行以区县供销合作社推荐、担保为基础的风控模式，并立足各地实情，试点财政风险准备金制度、农业保险风险转移机制、产供销一体化发展、乡贤担保制等风险防控手段，进一步提高项目审贷流程和速度，有效提升了“三农”贷款的可得性。重庆农信公司按地方财政风险准备金总额的10倍提供融资授信，若出现风险，区县财政承担不低于70%的风险损失。比如有的区县由政府引导，将农民合作社的生产端、供销合作社的供应流通链、大型企事业单位的农产品消费一体化整合，畅通产供销渠道，保障农民合作社经营现金流稳定、可靠。与此同时，重庆农信公司全面实行“双人四眼”、实地走访与书面调查结合、项目调查与人员调查结合的信贷调查模式，全方位把控业务风险，较好地处理了农村金融业务发展与风险防范间的矛盾。目前，公司还启动了供销金融风险防控信息化系统建设，重庆供销农村大数据平台也在加紧建设，拟运用现代化信息技术手段全天候进行风险识别、监测、评估、预警，逐步形成上级监督指导、本级监管控制、下级强化落实的三级风控信息化平台，持续完善科学、有效、严密的风险防控手段，不断提升为农服务水平和效率。

3. 取得的成效

试点实践证明，农民专业合作社小额贷款是缓解农民专业合作社担保难、贷款难的有效途径，促进了农民专业合作社等现代农村经济组织的发展，帮助农民增收，提升了供销合作社为农服务能力。

（1）有效缓解了农民专业合作社这个新兴农村经济组织融资难问题

2015 年“农民专业合作社小额贷款”的推出，有效缓解了农村专业合作社扩大经营规模的资金不足的难题，保证了他们合理的资金需求。自 2015 年开展“农民专业合作社小额贷款”试点以来，至今农信合作投资公司小额贷款业务覆盖 15 个区县、213 家农民专业合作社，累计发放贷款 305 笔、总额 33895 万元，在贷余额 16581 万元。

（2）促进了农业产业结构的调整，带动了农民脱贫增收

农民专业合作社小额贷款活跃了农村经济，调整了农业产业结构，提升了农产品的附加值。农信投资公司农民专业合作社小额贷款客户充分惠及农村养殖、农产品种植、水果种植、农业观光旅游等涉农经营主体，在已提供贷款服务的 213 家农民合作社中，猪、羊、牛等养殖业有 61 家，占比 28.6%；青菜、冬菜、药材等农产品种植业有 64 家，占比 30%；猕猴桃、葡萄、枇杷等水果种植业有 53 家，占比 25%；工艺品、农业观光旅游、花卉种植等其他行业有 35 家，占比 16.4%。213 家获得贷款的农民合作社中，有 8 家入社社员在 20 人以上，占比 3.8%；有 16 家入社社员在 10~20 人，占比 7.5%；有 189 家入社社员在 5~10，占比 88.7%。通过支持专业合作社发展，发挥辐射

带动作用，直接和间接带动5364家建档贫困户实现就业、增收，实现协同脱贫。

（3）增强了供销合作社为农服务能力

重庆市供销合作社把农民专业合作社小额贷款作为为农服务的新平台，在为农服务中展示新作为，最大限度地缓解农民发展生产与资金短缺的矛盾，促进了农村经济发展，服务了“三农”，提升了供销合作社在为农服务的影响力。例如，奉节县炅旭葡萄种植专业合作社成为奉节县第一个受到农民专业合作社小额贷款扶持的合作社，负责人丁峥嵘此前打算在康乐镇土坎村修建渔业观光旅游设施，被资金问题急得焦头烂额，不惜向民间借高利贷。县供销合作社将农民专业合作社小额贷款产品告诉丁峥嵘后，他马上申请了150万元贷款，很快150万元贷款发放到他手上。目前，他的渔业观光旅游基础设施基本成型，现在丁峥嵘开始意识到供销合作社的作用，经常与供销合作社沟通，咨询各种问题。

（二）河北省沧州市中合小额贷款股份有限公司管理实践

1. 沧州市中合小额贷款股份有限公司基本情况

沧州市中合小额贷款股份有限公司经省政府、市政府相关部门审批，于2013年6月正式成立，注册资本金2亿元，是沧州市注册资本金最大的小额贷款股份有限公司，也是河北省内最早在石家庄股权交易中心上市的金融类贷款机构。公司由中国供销集团有限公司所属中合联投资有限公司作为第一大股东，联合河北省供销合作社下属的河北省盐业专营集团公司、河北省农业生产资料有限公司、黄骅市供销合作社下属的黄骅市润丰资产运营管理中心及沧州市当地民营龙头企业五大股东联合出资组建成立，为全国、省、市、县四级供销合作社联合体。2017年被中国小额贷款协会评选为“全国优秀小额贷款公司”，被河北省小额贷款协会聘为“副会长单位”。公司借助各级供销社服务“三农”的优势，秉承以农为本，服务“三农”的宗旨向广大的“三农”群体提供优质的信贷服务。

截至2018年12月31日，公司累计发放贷款80677万元，为500余客户提供优质的服务。小额贷款公司作为国家金融调控政策的一部分，公司的发展与宏观经济环境息息相关，面对错综复杂的国内外形势，公司经受住了市场的考验，在不断的改革创新中优化公司内部管理制度、业务模式和风险管理体系，取得了一定的成效。公司坚持小额分散，设计适合不同客户的贷款产品，同时鼓励业务人员积极主动营销客户，与银行、保险等金融机构建立联系，积极融入当地的金融市场并提高知名度，从而发展一批稳定的客户群体，建立积累良好的口碑，不断开拓市场。

公司一直以来注重信贷服务质量，不断提升客户的认可度、满意度。随着社会经济的发展，科技的进步，以大数据分析客户质量的信贷机构越来越多，同时银行信贷向小微企业倾斜，各种网贷机构数目众多，方便快捷，优质借款客户获得资金的渠道越来越多，成本也越来越低。小额贷款公司生存环境步履维艰，如何生存下去成了小额贷款公司要解决的首要任务，公司除了在信贷产品上升级，更需要提升服务质量。做贷款不仅仅是把产品卖出去，更要让客户感觉到公司的关怀和扶持，成功发放贷款只是第一步，更要向做客户，做服务的更高层次去努力。要熟知客户情况，为客户提供相关的金融知识，根据客户的资金需求，教客户如何合理规划使用资金，研究行业特性，为客户的经营提出针对性意见及信息，获得客户的信赖和尊重，增加客户的粘性。

2. 小额贷款业务开展模式及创新点

公司坚持“小额、分散、接地气”贷款原则，秉承做“小微企业的合作伙伴、做小额贷款行业的标杆企业”，小额贷款公司服务小微企业，两小叠加，成就大美事业。主要体现在以下四个方面。

（1）深入学习小微信贷技术，坚持开展小微金融

总结贷款经验教训，分析经济形势，不断调整公司贷款政策以适应金融市场。将单笔的贷款额度原则上不超过 100 万元，鼓励将贷款额度控制在 50 万元以内。由于小额贷款公司面临的客户群体质量较差，借款人与信贷机构存在严重的信息不对称的情况，为了获得贷款，借款人往往谎报借款用途、伪造交易凭证、夸大盈利、虚增资产、隐瞒负债。为降低贷款风险，深入学习小微信贷技术，引入交叉检验分析方法，通过软信息、财务信息、权益信息等多方面、多个角度进行验证，开辟“多方面采集信息，多角度验证信息”的立体化收集信息的格局。

（2）坚持人才培养，做小微技术的带头人

按照营销、贷前调查准备、实地考察、财务分析、交叉检验、贷后管理、逾期清收、识别隐形负债、贷款过程中的法律问题等环节将课程进行梳理，精心制作一套系统的理论培训体系。组织内部人员进行培训，要求内部员工掌握小微信贷技术，并将员工的学习升级常态化：一是组织业务人员在每日晨会上分享经济、信贷、金融相关知识点；二是在每周四进行业务的深度交流，对业务人员素质提升起到了极大的作用。鼓励业务人员张开嘴，迈开腿，打造自己的贷款根据地。小微贷业务除了营销客户，更主要的是摈除单纯的揽件思维，需要对客户的经营及还款能力进行深入分析并形成自己的判断，有助于业务经理个人能力的快速提升，也为公司发展优质客户奠定基础。组织业务骨干担任讲师，对外输出小微贷技术。自 2017 年开始，公司一共开展了九期微贷培训，毕业学员 95 位，包括河北省、新疆、江苏省等多省小额贷款公司、典当行、担保公司参加培训。

（3）业务升级、模式转变，发展商圈、挖掘渠道产品

公司进一步推动业务模式升级，调整业务人员的工作方向和重心，从提升团队战斗力角度出发，完成业务模式开发由“单兵模式”向“团队模式”的转变，从提升人均产能角度出发，着重加强“圈链结合”的业务开发，完成从传统的“零售模式”向“批发模式”转变，大力发展商圈及渠道产品。

开发商圈特色贷款产品。沧州明珠商贸城最初主要为承接沧州老服装批发市场、小商品市场的转移安置，后因北京开始疏散动批、大红门等一批商圈，开始重点承接北京服装产业链疏解，在承接疏解基础上建立服装小镇，大力打造生产加工、原辅材料供应、物流仓储、批发零售一体商业模式。目前承接动批商户 1000 余户，大红门商户 6000 余户，带来流动人口三万余人，属于政府大力扶持项目，市场整体前景看好，因此进入明珠商圈的各金融机构较多，贷款业务竞争激烈，目前为明珠商户提供贷款服务的银行贷款机构主要有沧州银行、邮政银行、张家口银行、农商银行等，以及各大银行推出的大额信用卡及消费金融业务，银行以抵押和信用两种贷款方式。在对明珠市场进行充分的调研后，公司推出特色的“家庭亲情贷”，为解决明珠优质客户融资抵押难题，向借款人发放的由其家庭成员作为担保人的特色贷款产品，

用于生产经营、消费等用途的贷款，家庭成员主要指借款人夫妻双方、父母、兄弟姐妹、成年子女。与银行等金融机构区分，根据小额贷款公司的灵活特性，精准市场细分，找到自己的定位。

挖掘渠道贷款产品。2017 年之前贷款模式主要为零售，2018 年逐步向批发、渠道转型，注重发展渠道客户，解决客户来源的同时降低贷款风险。沧州冀沧汽车运输有限公司的经营模式主要为以个人经营车辆提供挂靠服务，其服务主要为车辆的年检、维护、保险的缴纳、车辆事故的处理以及管理车辆等费用，车主为车队提供的服务支付一定的费用。冀沧车队成立 6 年，目前挂靠在冀沧车队下面的车辆有 1200 余辆，挂靠车辆存在二手车抵押分期需求，车队自身存在收车买车业务，车队收车存在资金需求，同时买车人存在大车分期的资金需求。尽调冀沧车队，调查车队运营模式，经营情况，协调利率，达成合作意向，整体对冀沧车队授信，开展“库存贷”和二手车分期业务。单纯做二手车分期业务风险较大，但是依托成熟的车队平台做分期业务，车队对其推荐的分期业务进行担保，大大降低贷款风险。

（4）加强完善各项制度管理，健全风险管理体系

建立健全相关规章制度，如《贷款操作指引》《贷款政策》《档案管理办法》《贷后管理制度》《逾期催收流程》，对于贷款的整个流程和环节，确保有章可依。同时结合小微贷的特点，使制度具有强激励的效应，如《项目提成管理办法》及《季度考核办法》。所有人员的绩效坚持“收益与贡献相匹配”设计原则，根据信贷流程及职责分工，遵循“多劳多得、少劳少得、不劳不得”的分配原则，倡导“正向激励、约束有效”。

第十二章　供应链金融服务

供销合作社供应链金融服务是在深化供销合作社综合改革的过程中，依托农业产业链中的生产合作和供销合作来推动信用合作的一种具体形式，供应链金融也成为信用合作的重要模式。供销合作社作为为农服务的生力军，要在乡村振兴战略中发挥作用，必须解决农业产业融资问题，利用供应链管理，协调和整合供销合作社在产业链上的资源，使各主体、各要素的信用在供应链管理中实现转移、捆绑，从而达到提升整体产业链条信用水平，解决农业产业资金需求的目的。

一、中合联公司的实践及经验总结

供销合作社的供应链金融服务必须依托于系统产业资源，充分挖掘系统优势，既要有合作融合的特点，也要具备可操作性、可复制性、可推广性。中合联公司在分析供销合作社产业特点的基础上，结合供销合作社综合改革的方向，现已开展三种供应链金融服务模式：核心企业信用模式、产业链服务模式、物流监管模式。

（一）核心企业信用模式

模式：围绕核心企业，利用上下游中小企业在业务链条中形成的应收应付，把单个信用不足的中小企业通过利用供应链借用核心企业信用获得金融服务。

背景：供销系统有 2500 余家农业龙头企业，按照中央和国务院深化供销合作社综合改革的要求，要推进社有企业并购重组，在农资、棉花、粮油、鲜活农产品等重要涉农领域和再生资源行业，培育一批大型企业集团。这些核心企业一方面具有良好的企业信用，另一方面作为涉农领域的龙头企业，其庞大的上下游关联着数量巨大的中小微企业、农业合作社以及农户，有条件通过产业供应链将核心企业的信用在其上下游进行分配和转移，满足其上下游中小微企业的资金需求。

案例：以中华棉花集团有限公司（以下简称“中棉”）为例，中棉是中国供销集团直属大型流通企业，是棉花行业首家国家级农业产业化龙头企业，拥有的棉花资源基地和营销网络覆盖国内棉花主产区和主销区，国际业务发展到全球各主要产棉国，目前已成为国内集棉花收购、加工、销售、物流及进出口贸易于一体的大型棉花产业化企业，经营规模已跨入全球同行业前列。针对其上游企业希望缩短账期，尽快实现债权的诉求，设计了如下模式：上游企业通过转让对中棉的应收账款的形式，缩短账期，提前实现债权。具体方案为：①中棉向棉农、贸易商采购棉花；②上游企业供货并验收合格后，形成完整的应收账款；③上游企业将持有的应收账款转让给资金方；④中棉对应收账款进行确权；⑤资金方支付应收账款的转让价款，上游企业提前实现债权；⑥资金方持有应收账款到期，中棉付款。

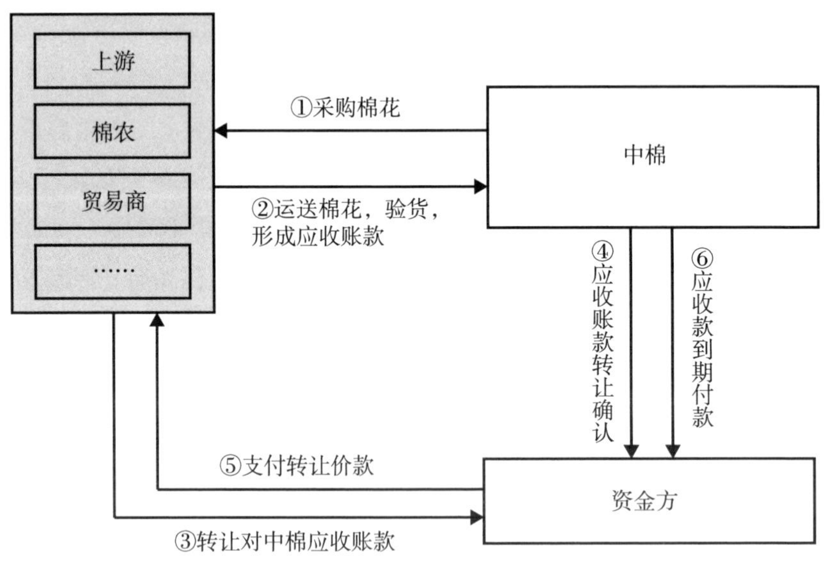

图 1　中棉供应链金融服务模式

该模式下风控主要依靠核心企业信用，措施如下：①中棉的销售收入作为还款来源；②应收账款必须向债务人中棉进行确权。

适用场景：核心企业为系统内的龙头企业或各级供销合作社推荐的龙头企业，具有一定的信用等级；核心企业所在产业稳定，主营业务突出，最近三年连续盈利；公司的生产经营合法、合规，并且符合国家的产业政策，公司在最近三年内无重大违法行为，无虚假出资、抽逃出资的情况；核心企业与上下游要有真实的贸易，防止资本空转；与上、下游具有稳定、持续的业务往来，形成对上下游中小企业风险和业务的控制力；企业信用良好，无不良记录；有大型担保机构或其他外部增信措施优先。

（二）产业链服务模式

模式：产业链金融模式是从整个产业链视角，以产业链条为纽带，把产业链条中的各参与方串联起来作为一个整体，借助产业链对商流、物流、信息流及资金流的控制，通过综合授信方式，把资金灵活有效地嵌入产业链条中，从而把产业链条中的企业紧紧团结在一起，形成战略协同关系，从而提升产业链整体竞争能力的一种金融模式。

背景：供销合作社在综合改革过程中，积极推动农业产业的规模化服务。在农业产业规模经营稳步发展的大背景下，农业产业逐渐形成了生产、加工、仓储、运输、销售等完整有效、风险可控的产业链条。通过对农业产业链上各要素、各信息进行整合和管理，设计出农业产业链金融服务方案，实现提升产业链竞争力和服务“三农”的目的。

案例：宁夏昊鑫现代农业开发有限公司（以下简称昊鑫农业）位于宁夏回族自治区银川市，主营稻谷收购及销售，是中国供销惠农公司投资企业。昊鑫农业每年与周边100公里以内水稻种植合作社及大户签订稻谷采购协议，以获得稳定优质稻谷。为了满足合作社及农户采购化肥、种子、农药等需求，设计了“农资采购专项借款+农产品定向收购还款”的供应链融资方案。具体方案如下：①合作社及农户向昊鑫农业提出农资采购数量及金额；②对于通过昊鑫农业初步筛选的合作社及农户，昊鑫农业按照金融机构要求收集信息；③金融机构对合作社及农户进行筛查，符合条件的合作社及农户与昊鑫农业及金融机构签订三方协议，由合作社及农户作为融资主体向金融机构申请融资；④金融机构将资金发放至昊鑫农业账户（金融机构对账户进行监管，资金只能用于向指定农资公司集中采购农资）；⑤合作社及农户从昊鑫农业处获得约定数量的农资；⑥当季农产品收获后，合作社及农户向昊鑫农业销售稻谷，存放到指定仓库；⑦昊鑫农业将收购的稻谷质押给金融机构，申请融资；⑧金融机构查验稻谷，办理质押手续，向昊鑫农业发放资金；⑨昊鑫农业获得资金专项用于稻谷收购，并代替合作社及农户向金融机构偿还购买农资的融资本息；⑩昊鑫农业根据经营需要，逐步向金融机构偿还融资，从监管库提取稻谷加工成大米对外销售。

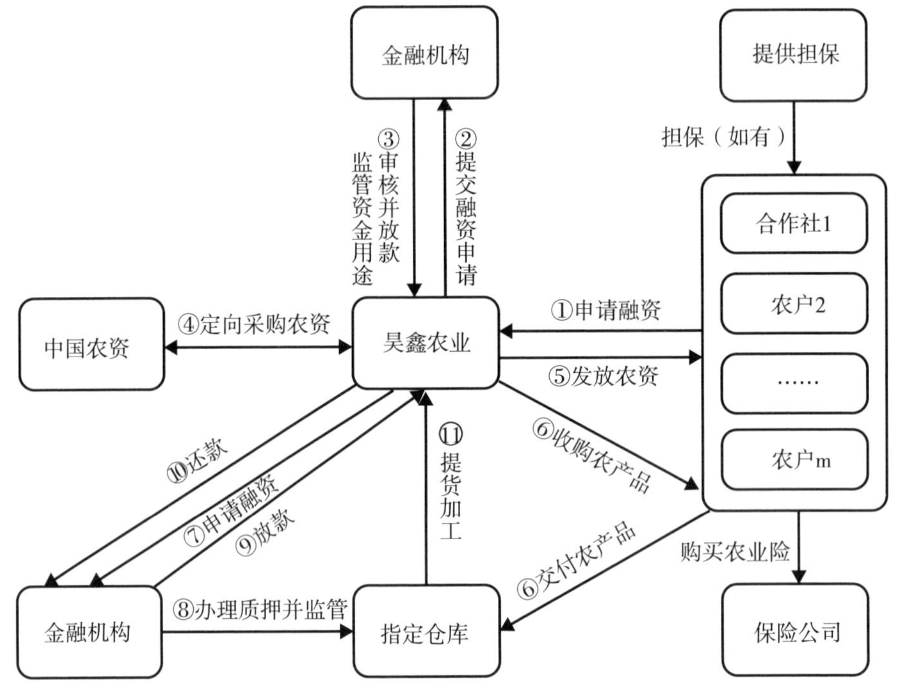

图 2　昊鑫农业供应链金融服务模式

该模式下，风控措施如下：①合作社及农户的准入条件为种植面积 200 亩以上，并且购买农业保险；②合作社及农户融资金额占其农资需求总金额的比例不高于 70%；③专款专用，昊鑫农业将稻谷作为融资质押物，融资款专项用于稻谷收购，昊鑫农业收购稻谷时，直接向金融机构代合作社或农户偿还借款；④产业链条的企业、合作社形成担保增信或引入农业担保公司、股东单位等提供增信担保。

适用场景：已实施土地托管或土地流转，由公司、合作社或农业大户经营土地，实现了土地规模化经营、集约化生产；有龙头企业组织带动形成稳定产供销合作关系。包括“公司+农户”“公司+农村合作组织+农户”“公司+基地+农户”等，形成闭环经营；龙头企业在行业或区域内影响力较大，产供销渠道稳定，经营稳健；龙头企业对上下游有一定的把控能力，协调效率高，对货物有较强把控和处置能力，能快速将货物变现；合作社、农户等经营主体已购买农业保险；融资主体要产业稳定，主业突出，产业聚焦。主体及实控人信用良好，融资主体无不良记录。

（三）物流监管模式

模式：物流监管模式以对物权的有效控制为基础开展供应链金融服务。通过对交易标的有效控制达到风险控制的目的。目前物流监管模式主要有存货质押融资、代为采购融资、预付款融资等方式，其中以存货质押融资为主。

背景：供销合作系统拥有庞大的现代物流仓储配送体系，全国物流配送点近百万个。未来供销合作社还要打造农产品大宗交易平台，将全系统一千多家产品批发市场整合成全国统一的农产品大宗交易平台；全系统 4300 个仓库和物流园整合成统一的供销物流大平台，重点发展冷链仓储和物流。无论是仓储还是物流，都是对货物有效控制的基础，是开展物流监管融资的基本条件。供销合作社完全可以有效整合系统的交易平台、仓储物流资源，对农产品流通流域的物流、信息流和商流进行有效的把控，进而开展存货质押、预付款融资、代采融资等供应链金融服务。

案例：以北京全国棉花交易市场集团有限公司（以下简称“全国棉花交易市场”）为例，全国棉花交易市场 2018 年仓单质押量 108.83 万吨，年末存量 21.65 万吨，交易量 500 多万吨，融资额 120 亿元，融资企业近 5000 家。棉花交易市场借助在库监管、交易监管与履约保障和运输配送的优势，通过银行为企业办理存货质押融资。具体方案如下：①皮棉加工商向纺织企业销售棉花，签订购销合同，形成应收账款；②纺织企业向加工商支付 20%货款；③纺织企业向保理公司、银行等金融机构申请融资，并申请棉花质押；④交易市场审核在库棉花是否符合标准等信息，代办棉花质押手续，将棉花质押给保理公司、银行等金融机构；⑤保理公司、银行等金融机构对于交易市场审核通过，并办理棉花质押手续的融资企业支付融资款；⑥融资到期，纺织厂偿还保理公司、银行等金融机构融资款；⑦交易市场代办解质押手续后，纺织厂提货。

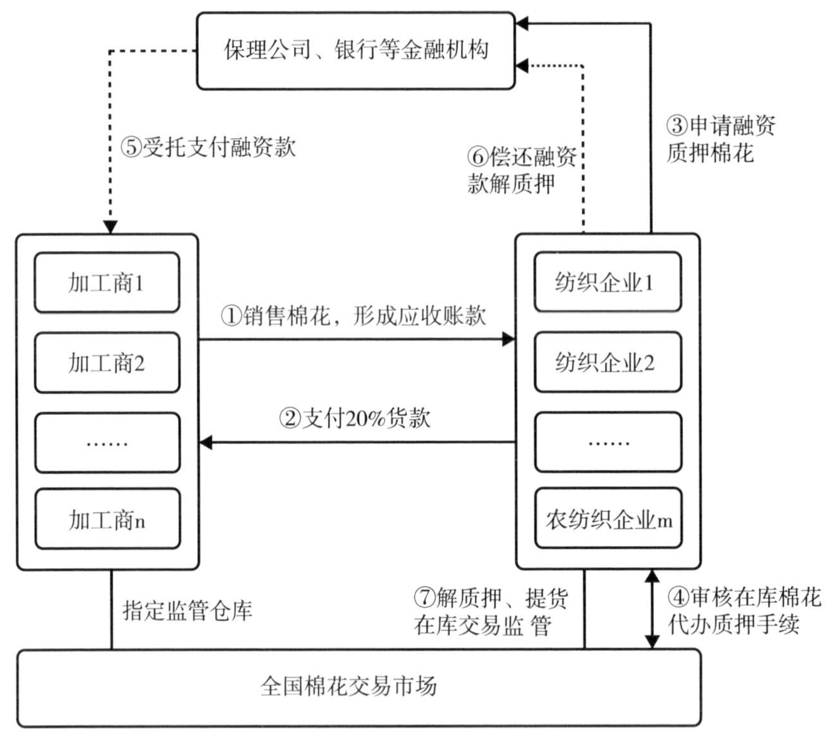

图 3　全国棉花交易市场供应链金融服务模式

该模式下，风控措施如下：①棉花交易商成为棉花交易市场会员，并提出融资申请，同时将交易的棉花存入棉花交易市场的监管仓库；②棉花交易市场对交易商质押的棉花实行在库监管、交易监管与履约保障和运输配送，所有监管数据均在系统中体现；③融资额约占棉花交易市场对质押棉评估值的 80%，评估金额通常低于贸易金额，实际融资率低于交易额 80%；④棉花质押期间，产品价格向下波动超过棉花交易市场警戒线，棉花交易市场通知买方追加保证金，未及时追加的，金融机构委托棉花交易市场处理质押棉花，回笼资金。

适用场景：产业平台具有一定仓储监管能力，对监管仓库能够实现有效监控；产品入监管库前均要进行抽样检验，符合标准方可入库；质押标的物易流通、易于存储、不易变质，监管仓库数量多，形成规模化；质押标的标准化产品优先，其他品种满足可变现能力强，便于市场处置；产品仓储、物流运输需要购买相关保险；产业平台对入库产品的物流、资金流、信息流具有较强控制力。

二、浙农股份“E 农贷”供应链融资项目相关情况

为进一步缓解新型农业经营主体、农民专业合作社、种植大户融资难题和有效降低农资公司赊销模式的财务成本，积极推动乡村振兴战略的实现，2018 年以来，浙农股份与建设银行省分行、杭州联合银行等金融机构开展合作，探索引入供应链金融服务模式，设计开发了“E 农贷”供应链融资项目，为供应链上下游的优质赊购农户提供系统性、专业性的授信融资安排，并以优惠的利率给予定向定量的经营性贷款，实现了“农民得实惠、企业降成本、金融增效益”的三赢局面。截至目前，已向农户授信 1888 万元，累计发放贷款近 1000 万元，大大提升了农业生产主体对普惠金融服务的获得感。

（一）项目谋划背景

近年来，随着浙江省农业生产力水平的不断提高，发展种养大户、家庭农场、龙头企业逐步替代传统小农经济已势在必行，也促使农户、龙头企业对大资金的需求越来越旺盛、对金融产品服务的需求越来越多元化。由于农村地区金融服务供给不平衡不充分，完全依靠市场机制很难实现资本的有效配置，促使农户形成“种前赊销、卖粮还账”的生产交易习惯。同时，化肥农药等农资市场竞争越发激烈，为提高市场占有率和客户黏合度，农资公司往往对资信较好的农业大户采取赊销政策。但赊账额度大，还款周期长，周转次数慢，导致农资公司财务资金成本大幅增加。此外，为防范化解金融风险，目前各银行机构正着力收缩信贷规模，使得农资公司融资压力逐渐加大；

另外，赊购农户受资金短缺限制，影响正常的生产经营，又缺乏有效抵押物和可靠担保方来获取金融资源。

在此背景下，浙农股份公司决定联合相关银行机构，以供应链金融理念探索模式创新，为公司供应链下游的优质赊购农户提供系统性融资安排，给予定向定量的经营性贷款。这样既解决了赊账客户资金紧张的问题，又能帮助公司及时回笼资金，盘活应收账款，降低企业财务成本和赊账风险，进一步撬动了更多的金融资本“下乡”支农惠农扶农。

（二）项目实施内容

“E 农贷”供应链融资产品项目主要是由合作银行为浙农股份下属的金泰公司和惠多利公司保持长期农资经销关系的优质经销商或农民专业合作社、家庭农场、种植大户等发放的个人经营性人民币贷款。授信对象的资格条件应满足：与公司签订经销协议的、合作关系在一定年限以上的优质客户，并经由公司推荐，有赊销记录且还款情况良好。此外，还须满足一定的年龄要求。

目前，“E 农贷”供应链融资产品项目已分别由建行浙江省分行和杭州联合银行开展实施，具体操作流程及相关要素详见下表。

表 1　“E 农贷”操作流程及相关要素

单位 / 流程要素	建行浙江省分行	杭州联合银行
贷款方式	线下（待建行项目开发完成后转线上）	线上（中农在线）
贷款额度	第一期 5000 万元（惠多利）、3000 万元（金泰）	第一期 5000 万元（惠多利）
客户前期授信	提供银行所需经营数据，白名单导入，批量授信（人工），银行根据客户与公司历年的合作量，结合征信给予客户相应的授信额度	提供银行所需经营数据，白名单导入，批量授信（系统），按公司的提供的赊销额度结合征信给予客户授信额度
客户授信额度	个人最高 30 万元	个人最高 50 万元

续表

流程要素＼单位	建行浙江省分行	杭州联合银行
贷款支用	手机银行端口申请快贷，按照订单金额在 POS 机上刷卡	电脑端中农在线平台申请注册会员，生成订单后选择“E 农贷”联合银行贷款支付
利率	6%~7%	
付息方式	到期还本付息	每月 20 日按月结息
贷款余额及利息查询	手机银行端口查询	电脑端中农在线个人信息内查询
还款方式	手机银行端口快贷归还	电脑端中农在线个人页面归还贷款
风险分担	前期银行和公司各承担 50%。后期准备引入省农业信贷担保公司进行担保，由担保公司承担 60%~70%，银行和企业承担 10%~20%，风险分担方案还在沟通中	

（三）项目运行情况

1. 与建行浙江省分行合作情况

惠多利公司、金泰公司与建设银行浙江省分行签订“E 农贷”合作协议，现已在温州、嵊州及浙北地区进行线下试运行。截至目前，建设银行“E 农贷”已授信客户 1630 万元，累计使用贷款金额 750 万元，贷款余额 374 万元。

2. 与杭州联合银行合作情况

杭州联合银行以惠多利公司为试点单位，专项下达授信额度 5000 万元，于 2018 年 10 月完成第一期线上系统开发，第一批试点客户已成功落地，实现授信签约 258 万元。与杭州联合银行合作的主要特点是：充分依托中农在线智慧农资服务平台，嫁接银行信贷服务，链接惠多利核心供应商、农资代理商及零售商，构建了以供应链金融为核心的在线农资供应链管理与服务平台，业务全程通过线上操作完成，为赊购农户提供便捷优质、安全高效的融资服务。

可以说，“E农贷”供应链融资模式不仅缓解了处于相对弱势的下游种植大户、家庭农场、农民专业合作社的融资难问题，也降低了浙农股份下属子公司赊账交易的财务成本和流动性不足的风险，还帮助银行通过核心企业的优质信誉向上下游成员延伸授信服务，实现银行机构、浙农股份、赊购农户三者共赢的局面。

三、浙江农资集团投资发展有限公司供应链金融探索

浙江农资集团投资发展有限公司（以下简称“公司”）是浙农控股集团下属类金融业务主体。近年来，公司以为农服务为企业长远发展方向，积极投身乡村振兴战略和“三位一体”改革，以“两融”服务（股权、债权融资）为抓手、以较为完整的全链条式综合金融服务能力和专业规范的风控体系为后盾，开展金融服务“三农”行动，既实现了公司的市场化专业化发展，又使金融投资与为农服务相互促进，较好地营造了“农民得实惠、企业增效益”的双赢局面。截至2018年12月末，公司管理资产规模稳定在30亿元左右，报表利润稳定在1亿元左右，且未出现重大风险事项。

（一）搭建为农金融服务组织架构

公司目前下辖小额贷款公司、基金管理公司、互联网金融公司、资产管理公司和财富管理公司等5个经营主体。为充分调动资源、集中力量开展为农金融服务，公司专门成立了为农金融服务工作小组，由公司主要负责人担任组长，各经营主体负责人为组员，统筹“三农”金融服务，探索新常态下符合农业发展实际的农村金融新产品、新服务。同时确定了其中两家下属经营主体为为农服务的主体机构，分别是以产业基金募集、投资、管理为主要业务的浙江浙农产融投资管理有限公司（以下简称“浙农产融”）和以互联网平台打造、科技手段支撑、供应链金融服务为主要业务的杭州浙农互联网金融服务有限公司（以下简称“浙农金服”），主要服务模式为“股权+债权”服务，即以涉农产业基金为代表的股权投资和以涉农供应链金融为代表的债权融资。

（二）积极参与现代农业产业发展

2018 年 4 月，浙江省财政厅下发《关于印发浙江省农业综合开发投资基金子基金合作设立及投资指南的通知》（浙财农发〔2018〕1 号）。在此政策契机下，公司提出设立规模 10 亿元的涉农产业母基金，以母基金撬动政府引导基金、地方财政资金及社会资金组建涉农产业子基金。最终与湖州市、绍兴市、桐庐县等地的财政部门达成一致意见，分别申报设立规模 1 亿元的湖州产投交流涉农主题投资基金、2 亿元的绍兴地区乡村振兴农业开发基金、1 亿元的桐庐“醉”美农业综合开发投资子基金，现已完成方案上报和省金控现场尽调工作，等待最终批准。

涉农产业基金是公司为农金融服务的重要手段，主要以股权投资的形式参与涉农企业发展，专注投资生态农业、科技农业、乡村旅游等与现代农业发展关联度较高的农业产业化项目，结合新型城镇化、农业现代化发展进程，通过资源整合优势，对能够带动农村劳动力转移就业创业、推进农业产业链整合和价值链提升、促进农村一二三产业融合发展的产业和建设项目，予以重点关注。目前浙农产融已储备项目 100 余个，重点关注 30 个，其中绍兴市、湖州市和桐庐县内 22 个，浙江省内其他区域 8 个，覆盖智慧农业、农资流通、食品加工、复合肥料、疫苗等相关领域。

（三）有效服务农业经营主体生产

浙农金服以新型互联网供应链金融为主要发展方向，利用“科技+金融”手段服务核心企业上下游客户，重点探索涉农供应链金融服务，解决涉农企业融资难、收款难等问题，为农户提供农业生产资料购买所需的快速、便捷的短期借贷，保障农业生产顺利进行。2018 年，浙农金服分别对绍兴、湖州、衢州三地农合联专业合作社的涉农供应链金融需求进行实地考察调研，对接了当地供销社、金融办、农办等单位，覆盖柑橘、养蜂、养猪、茶叶、粮油、农家乐、电商平台等 21 个主营领域，涉及 36 家农合联会员单位、省市龙头企业、种植养殖大户。

成功探索落地辣椒产业链金融服务项目，为 210 位个人借款人发放借款 3190 万元，为 5 位机构借款人发放借款 180 万元，共计发放借款 3370 万元。主要模式是，通过浙农金服平台撮合，撬动社会资本流向辣椒种植户，解决辣椒种植农户前期采购种子、生态化肥所需的生产资金短缺问题。整个业务还配套了农业种植险、人身意外险、履约保证险等各类险种，有利于降低分散风险。与专业农资公司、保险机构的多方合作，大大提高了辣椒种植供应链协调机制的运行效率，初步实现了辣椒种植全流程风险管控，使辣椒产品按时销售，让资金提供方能足额回笼资金，不仅金融风险较小，又促进了农户增收，实现了“产+销”的良性循环。

（四）建设为农金融服务支撑体系

一是专业团队支持。公司目前拥有140余人的专业团队，其中60%来自各类金融机构，各经营单位高管均具备多年金融行业从业经验。二是科技能力支持。公司拥有自己的互联网金融平台和技术团队，具备较高的技术水平和开发能力，为涉农供应链互联网平台建设、信息化平台建设、风控系统建设及大数据分析等提供技术支持，使涉农企业和农户可以利用互联网、APP等现代化技术平台便捷地完成金融服务操作。三是信息整合支持暨风险管控支持。公司正通过收集农合联会员单位、涉农龙头企业、大型养殖种植户等核心单位及其上下游经销商、农户等长年累计的交易数据，评估和匹配借款额度和还款能力，逐步形成“新信用”体系，建立现代农业特色风控模型。同时计划建立金融服务入口中心，将企业融资、企业和个人借贷、资金理财等综合金融服务提供给广大平台客户，使其可以方便、快捷、自由地选择所需要的金融服务。

第十三章　合作发展基金与涉农保险服务

一、合作发展基金

陕西供销合作发展基金运营情况主要介绍如下。

（一）基本情况

为落实中发11号文件精神，推进供销合作社综合改革，中华全国供销合作总社、财政部在全国发起供销合作发展基金试点。2015年6月，由陕西省财政厅、陕西省供销合作社、陕西金融控股集团、陕西供销企业集团有限公司（以下简称“供销集团”）、西安知守投资管理有限公司（以下简称“知守投资”）作为联合发起人，基金总规模10亿元，一期规模4亿元。2015年11月，供销集团第6次股东会通过关于设立知守投资的决议。11月16日，陕西供销知守基金管理有限公司注册成立。12月24日，陕西供销知守基金管理公司完成供销合作发展基金的工商登记工作，陕西供销合作发展基金正式成立。12月26日，陕西金融控股集团将中央财政对陕西供销合作发展基金出资的10000万元拨付至供销集团基金备付账户，用于成立陕西供销合作发展基金。2016年5月完成了首期基金的募集工作，募集资金4亿元，其中，中央财政出资1亿元（由供销集团代为出资），陕西省财政厅出资5000万元（由陕西投资基金管理有限公司代为出资），陕西供销企业集团有限公司出资2.46亿元，陕西供销知守基金管理有限公司出资400万元。

（二）主要组织

陕西供销合作发展基金主要投资供销合作领域相关产业、“新网工程”项目以及战略新兴产业的其他项目。

1. 基金管理架构

陕西供销合作发展基金出资人包括两个有限合伙人（供销集团和陕西投资基金管理公司）和一个普通合伙人（陕西供销企业集团控股子公司——供销知守基金管理有限公司），陕西供销知守基金管理有限公司是供销合作发展基金的管理人，负责基金的管理运营。

2. 基金决策机制

陕西供销合作发展基金设投资决策委员会，由基金管理公司对决策委员会进行组建和日常管理。投资决策委员会共设置七名委员（5 票通过制，主任委员 1 票否决权），其中陕西省供销合作社主任、供销企业集团董事长担任主任委员，陕西财政厅委派 1 名决策委员，陕西金控集团委派 1 名决策委员，供销集团委派 3 名决策委员，陕西供销知守基金管理有限公司（基金管理人）委派 1 名委员。

3. 基金管理人

根据《中华人民共和国私募基金法》的要求，为保证私募基金的规范运营，基金募集设立完毕后必须向中国证券投资基金业协会提交申请，对基金进行备案。自 2016 年第一季度起，供销知守基金管理公司与供销基金开始准备登记备案工作，最终顺利通过中国证券基金业协会审核，于 2016 年 8 月 25 日在中国证券基金业协会私募管理人登记系统完成了基金登记备案工作。

陕西供销知守基金管理有限公司是基金的管理人，于 2016 年 7 月 29 日完成管理人备案。基金公司注册资本为人民币 1000 万元，供销集团出资 510 万元，持股 51%，知守投资出资 490 万元，持股 49%。基金管理公司设立董事会、监事会，其中董事三名，监事三名。董事长由供销集团委派担任。

基金管理公司现有员工 20 名，高管来自华为、联想、微软、IBM 等世界 500 强企业，均在股权投资、基金管理、企业运营等领域具有丰富的经验，核心高管共同创业 5 年以上，管理团队稳定高效，管理层全部具备基金从业资格。

4. 基金投资理念

市场化运营为导向，以股权投资为主，经济效益优先；投资方向侧重供销合作领域、涉农产业、战略新兴产业等领域，兼顾乡村振兴。

5. 基金投资策略

行业配比方面，以供销系统产业为主，兼顾战略新兴、创新创业领域；区域配比方面，以省内投资为主，省内占比80%，省外20%；保障基金基础收益，降低基金远期收益，适度让利供销系统及乡村振兴企业。

（三）工作成效

截至2018年12月，基金累计召开合伙人会议8次，召开投资决策会8次，决策投资项目20个，决策投资金额3.6亿元，占基金首期实缴出资金额的90%，顺利完成各阶段的投资目标任务。基金自运营当年即实现现金分红，截至2018年12月31日，基金期末资产总值为431，969，563.67元，累计完成股东预分红40，805，777.79元。已投企业中，有7家企业在新三板挂牌，有6家企业已开始筹划IPO，部分企业已进入IPO辅导阶段。整体上已投企业发展稳定，基金潜在长期经济效益可期。

在自身实现经济效益的同时，合作发展基金也取得了较好的社会效益。自成立以来，基金已经累计向现代农业产业、乡村振兴方面等兼顾社会责任企业20余家完成投资超过2亿元，占总投资额的70%左右，还通过投资帮扶带动省内3000多户贫困户脱贫，为陕西省供销合作社综合改革、供销合作事业发展和服务乡村振兴工作做出了贡献。

二、涉农保险服务

（一）河北省供销合作社保险业务开展情况

河北省供销合作社的保险业务发源自安全统筹工作，目前主要有安全统筹、特色农业保险、保险代理三部分。

1. 安全统筹

安全统筹工作，是按照全国总社部署，于1987年在河北省张家口地区供销合作社试点，1992年在全省推开的。到目前，全省11个设区市和148个县

（市、区）供销合作社开展了安全统筹业务，共有专兼职人员 618 人，形成了以共同抵御风险为宗旨、以联合合作为纽带、以省社为龙头，省、市、县、乡（部分）三级联动，上下贯通的保险为农服务体系。截至目前，全系统累计保费收入 4.33 亿元，提供 941.3 亿元风险保障，赔付 1.97 亿元。

（1）业务范围。服务对象为供销合作社企事业单位和员工及员工家庭成员，供销合作社领办创办的农民合作社、农民协会、按照开放办社原则加入供销合作社体系的企事业单位和员工及其家庭成员等也在服务范围之内。险种为财产、车辆及短期人身意外安全统筹。

（2）运行模式和风险防范。一是按照联合合作的模式，以县社 40%、市社 40%、省社 20%的比例，统筹金三级持有，联保互保，共担风险。二是省社集合全系统参统财产，到大地、阳光、人保等保险公司开展再保险，防范和化解风险。

（3）管理方法。一是制定了管理制度。根据全国总社《关于贯彻国务院文件精神对安全统筹进行清理整顿和规范发展的通知》《供销合作社安全统筹管理暂行办法》等文件，省社与省财政厅联合印发了《关于贯彻执行〈供销合作社会计制度〉和省内补充规定的通知》，明确了安全统筹财务管理、税前列支等规定。省社下发了《关于加强安全统筹金使用管理和监督工作的通知》，2016 年 7 月，根据车险商业险费率改革的要求，省社印发《车辆安全统筹有关规定（试行）》，不断规范安全统筹金的使用和监管。二是开发了安全统筹业务及管理应用软件。以软件为业务管理基本载体，明确各级社管理职责、出单规则、保险责任承担等。在实际工作中，不断推动软件升级，提高工作效率和管理水平，加强系统工作开展的紧固性。三是按照不同的产品制定了参统和理赔流程，完善了从申请参统到勘察、理赔等各环节的管理细则。四是出台了奖励办法，充分调动三级社共同做统筹的积极性。五是开展培训教育。省社每年都聘请保险业专家，对省、市、县供销社从业人员进行培训，不间断地更新安全统筹业务的法律、法规、规章、制度及工作流程，选派人员脱产到保险公司学习，并组织业务人员考取保险代理资格证书，为安全统筹工作培养了一支可持续的专业团队。六是省社定期、不定期对各市、县进行督导检查，促进规范操作，健康发展。

2. 特色农业保险

在开展安全统筹工作中，应农业经营主体的要求，各地不同程度试办了特色农业保险，其中，石家庄市供销合作社特色农业保险体系相对较为完整。

从 2008 年开始，石家庄市社以安全统筹为平台，将加入基层社的农民专业合作社列为服务对象，不以营利为目的，在所辖 17 个县开展政策性农险以外的特色种植、养殖业保险。几年来，共组织保费 3495 万元，其中石家庄市政府拨付 2290 万元扶持资金，先后为 220 家农民合作社提供了 2. 92 亿元风险保障，累计赔付农民 3200 万元。

（1）坚持“低费率、低保障、小范围、少险种”和“农户交得起、政府补得起、保险保得起”的承统原则，设计了社会效益与经济效益相统一的运营模式。

（2）聘请专家科学定损。在自我选用培养人才的基础上，又从人保财险河北省分公司、省农业厅、省畜牧水产局以及省农、林科学院等单位聘请了一批保险专家和种植、养殖业专家作为专家委员会，参与查勘、定损、赔付工作。

（3）完善查勘定损制度。坚持把防范风险作为试办特色农业保险的生命线，在实践中不断完善各项管理制度。发生保内灾害事故时，由市社农险办公室和各县（市、区）供销社统筹科组成理赔查勘服务小组，现场查勘定损，聘请专家委员会鉴定审核后支付赔款。

3. 保险代理

省社于 2008 年注册成立河北新合作保险代理有限责任公司，组织全省安全统筹系统，与人保财险、平安保险、天安保险、大地保险、民生人寿、百年人寿等十几家商业保险公司开展代理业务，累计为人保财险、平安保险等十余家保险公司代办了 1. 97 万件保险业务，代收保费 2998. 74 万元，涉及保险标的金额 82 亿元。

为贯彻落实全国总社与中国人保集团的战略合作协议，省社自 2015 年 6 月起与人保寿险河北分公司开展寿险代理合作。充分发挥全省安全统筹组织体系作用，做组织、发动、引导、协调工作；人保负责人员培训、讲解产品、收费、出单、理赔。截至目前，代理保费 15873. 9 万元，全系统获取佣金 432

万元。按照“全面、深入、创新”合作的原则，与人保财险河北分公司探索土地流转履约保证险、农产品价格成本保证险、食用盐、化肥质量信誉保证险等。

（二）广西壮族自治区供销合作社积极探索保险惠农路径

综合改革以来，广西壮族自治区供销合作社深入贯彻落实中发 11 号文件和桂发〔2016〕10 号文件精神，紧紧围绕综合改革要求，积极探索推进农村惠农保险服务，2016 年，确定以贵港市供销合作社为试点，积极打造城乡保险服务平台。经过近两年的探索，贵港市供销合作社保险惠农服务发展良好，保费总额稳步提升，成为系统农村保险服务一个样板。

2017 年 6 月以来，贵港市供销合作社以承接全国总社专项试点为契机，进一步深化社有企业改革，打造依托以投资、惠农、企管三大板块为主营业务的供销集团，其中投资公司主要盘活社有资产，规划建设服务载体项目；惠农服务公司引领拓展保险、快递、土地托管等供销新服务；企业管理公司全覆盖实施财务集中核算管理，持续推进社有企业横向联合、纵向发展，优化社有资本布局，确保企业资金安全、降成本提效益。2016 年 5 月，市社以惠农公司为龙头，主动与平安保险、太平洋保险等 6 家保险公司达成战略合作意向，借力商业保险机构在业务培训、队伍建设、厘定费率、制单出单等方面的专业优势，将保险业务集成在综合服务平台上，内容涉及农村生产保险、人身保险和财产保险等多个领域，形成乡、村两级保险代理网络，打通保险惠农“最后一公里”，为农村地区提供生产生活的保险保障。

1. 夯实基础，规范业务运营

由惠农公司牵头对外协调联系保险机构引进保险产品、规范服务和推广宣传，对内统筹系统网点布局和业务队伍建设，制订服务标准和基本要求，完善保险服务台账，定期开展业绩分析和市场研判，厘定各险种佣金、网点管理费比例，为企业保险服务日常运转和长远发展提供基本保障，推进保险营销代理网络走上规范化运营轨道，在开展当年就获得开门红，建设网点 20 个，集中培训 5 期，培训业务骨干 500 多人次，收缴保险保费 668 万元，其中涉农险 530 万元。2017 年收缴保险保费 1010 万元，同比增长 51.2%，2018 年收缴保险保费 1061 万余元，同比增长 5%。

2. 整体宣传，扩大服务影响

充分发挥系统点多面广、线上线下结合的优势，通过网点招贴、参加展会、公众号推介等，多层次、全方位地推介供销合作社保险服务网络，并根据各地农事和习俗需求进行消费引导，使广大社员和农村群众充分认识参保的重要性和必要性。联合村两委和保险公司开展三下乡、脱贫攻坚、社村共建、志愿服务等主题活动，组织供销合作社党员干部职工深入村屯，宣传国家政策，讲解保险产品，与各类农村经营主体、种养大户等面对面交流，认真听取意见建议。累计悬挂横幅标 200 多条，发放宣传资料 50000 多份，利用荷城货郎公众号等微信公众号线上平台发布及推介信息 20000 多条，每年组织宣传活动 3 次以上。2018 年农民丰收节期间，市社支部联合太平、保险机构党组织联合深入桥圩镇开展“服务发展当先锋”主题党日活动，宣传保险、快递、电商等新服务，向当地贫困村青塘村免费赠送人身意外险 5 份，慰问敬老院五保老人 12 人。

3. 服务农村经营实体，为水稻产业提供风险屏障

立足供销合作社为农服务的合作经济组织属性和定位，把发展政策性水稻保险作为供销合作社服务贵港特色农业产业提升，服务乡村振兴战略的重要抓手，主动争取党委政府支持，参与到政策性农业险的协同推进和市场运作。一方面，积极联合村委及承保合作伙伴，依托系统合作社、农合联等农业社会化服务载体，进村入户进行宣传发动，引导农户树立保险意识及风险防范意识，提高农户参保热情、参保知晓率。另一方面，一旦发生灾情，迅速反应，协调农户、保险公司做好查勘定损、完善手续、加快理赔，尽最大努力为农户降低生产经营损失，真正把政策性农业险办成惠农工程、民心工程。三年累计投保面积 3. 09 万亩，保费共计 77. 4 万元，服务覆盖 32 个村 2. 1 万农户，为农业产业化龙头企业及合作社强化基地建设提供风险保障。2018 年春节期间，樟木供销社紧跟党委、政府农业政策险工作部署，抓住农户回乡过节及春耕生产启动有利时机，走访全镇 24 个村开展入户宣传，成功组织 16 个行政村农户 9871 户 1. 7 万亩农田投保，实现保费 424567 元。其中整村农田参与投保的大旗村遭受旱灾，经供销社协调对接保险公司，迅速开展现场查勘定损理赔，受灾面积 960 亩，赔偿金额总计 40 多万元，切实为当

地农业生产撑起“保护伞”。

4. 注重售后跟踪，提升服务质量

注重教育引导系统业务人员牢固树立服务意识，加强与客户日常沟通联系，及时了解客户需求，定制服务方案，主动上门访销，并持续做好跟踪服务。2018 年 3 月，贵港市系统第一个保险理赔服务中心在木梓综合服务站挂牌成立，在网点原有惠农保险服务基础上，增设面向当地所有保险全范围全覆盖的理赔服务，推动了系统保险服务提档升级。特别是在学生险跟踪服务方面，进一步发挥自身人缘地缘优势，协调各方关系，加快处置和理赔进度，使广大农民得到真真切切的受益。

附　录

政策法规

国务院关于印发推进普惠金融发展规划（2016—2020年）的通知（节录）

国发〔2015〕74号　2015年12月31日

二、健全多元化广覆盖的机构体系

（二）规范发展各类新型机构

拓宽小额贷款公司和典当行融资渠道，加快接入征信系统，研究建立风险补偿机制和激励机制，努力提升小微企业融资服务水平。鼓励金融租赁公司和融资租赁公司更好地满足小微企业和涉农企业设备投入与技术改造的融资需求。促进消费金融公司和汽车金融公司发展，激发消费潜力，促进消费升级。

积极探索新型农村合作金融发展的有效途径，稳妥开展农民合作社内部资金互助试点。注重建立风险损失吸收机制，加强与业务开展相适应的资本约束，规范发展新型农村合作金融。支持农村小额信贷组织发展，持续向农村贫困人群提供融资服务。

大力发展一批以政府出资为主的融资担保机构或基金，推进建立重点支持小微企业和“三农”的省级再担保机构，研究论证设立国家融资担保基金。

促进互联网金融组织规范健康发展，加快制定行业准入标准和从业行为规范，建立信息披露制度，提高普惠金融服务水平，降低市场风险和道德风险。

（三）积极发挥保险公司保障优势

保持县域内农业保险经营主体的相对稳定，引导保险机构持续加大对农村保险服务网点的资金、人力和技术投入。支持保险机构与基层农林技术推广机构、银行业金融机构、各类农业服务组织和农民合作社合作，促进农业技术推广、生产管理、森林保护、动物保护、防灾防损、家庭经济安全等与农业保险、农村小额人身保险相结合。发挥农村集体组织、农民合作社、农业社会化服务组织等基层机构的作用，组织开展农业保险和农村小额人身保险业务。完善农业保险协办机制。

中国银行业监督管理委员会农村中小金融机构行政许可事项实施办法（节录）

中国银监会令2015年第3号　2015年6月5日

第一章　总　则

第二条　本办法所称农村中小金融机构包括：农村商业银行、农村合作银行、农村信用社、村镇银行、贷款公司、农村资金互助社等。

第二章　法人机构设立

第一节　农村商业银行设立

第十七条　农村商业银行设立须经筹建和开业两个阶段。

设立农村商业银行应成立筹建工作小组，农村商业银行发起人应委托筹建工作小组作为申请人。

第十八条　单一县（市、区）农村合作银行、农村信用社组建农村商业银行的筹建申请，由地市级派出机构或所在城市省级派出机构受理，省级派出机构审查并决定。省级派出机构自受理之日起4个月内作出批准或不批准的书面决定。

除单一县（市、区）机构组建农村商业银行外，其他组建农村商业银行的筹建申请，由省级派出机构受理并初步审查，银保监会审查并决定。银保监会自收到完整申请材料之日起4个月内作出批准或不批准的书面决定。

第十九条　农村商业银行的筹建期为自批准决定之日起6个月。未能按期完成筹建工作的，申请人应在筹建期限届满前 1 个月向决定机关提交筹建延期报告。筹建延期不得超过一次，筹建延期的最长期限为 3 个月。

申请人应在前款规定的期限届满前提交开业申请，逾期未提交的，筹建批准文件失效，由决定机关办理筹建许可注销手续。

第二十一条 农村商业银行应在收到开业批准文件并领取金融许可证后，到工商行政管理部门办理登记，领取营业执照。

农村商业银行应自领取营业执照之日起 6 个月内开业。未能按期开业的，申请人应在开业期限届满前 1 个月向决定机关提交开业延期报告。开业延期不得超过一次，开业延期的最长期限为 3 个月。

农村商业银行未在前款规定时限内开业的，开业批准文件失效，由决定机关办理开业许可注销手续，收回其金融许可证，并予以公告。

第五节　农村资金互助社设立

第三十六条 设立农村资金互助社应符合以下条件：

（一）有符合银保监会有关规定的章程；

（二）以发起方式设立且发起人不少于 10 人；

（三）注册资本为实缴资本，在乡（镇）设立的，最低限额为 30 万元人民币；在行政村设立的，最低限额为 10 万元人民币；

（四）有符合任职资格的理事、经理和具备从业条件的工作人员；

（五）有必需的组织机构和管理制度；

（六）有与业务经营相适应的营业场所、安全防范措施和其他设施；

（七）银保监会规章规定的其他审慎性条件。

第三十七条 设立农村资金互助社应有符合条件的发起人，发起人包括：乡（镇）、行政村的农民和农村小企业。

第三十八条 农民作为发起人，应符合以下条件：

（一）具有完全民事行为能力的中国公民；

（二）户口所在地或经常居住地（本地有固定住所且居住满 3 年）在农村资金互助社所在乡（镇）或行政村内；

（三）有良好的社会声誉和诚信记录，无犯罪记录；

（四）入股资金为自有资金，不得以委托资金、债务资金等非自有资金入股；

（五）银保监会规章规定的其他审慎性条件。

第三十九条 农村小企业作为发起人，应符合以下条件：

（一）注册地或主要营业场所在农村资金互助社所在乡（镇）或行政村内；

（二）具有良好的信用记录；

（三）最近2年内无重大违法违规行为；

（四）上一会计年度盈利；

（五）年终分配后净资产达到全部资产的10%以上（合并会计报表口径）；

（六）入股资金为自有资金，不得以委托资金、债务资金等非自有资金入股；

（七）银保监会规章规定的其他审慎性条件。

第四十条 单个农民或单个农村小企业向农村资金互助社入股，其持股比例不得超过农村资金互助社股金总额的10%。

第四十一条 农村资金互助社的筹建申请，由地市级派出机构或所在城市省级派出机构受理，省级派出机构审查并决定。省级派出机构自收到完整申请材料或受理之日起4个月内作出批准或不批准的书面决定。

农村资金互助社的开业申请，由地市级派出机构或所在城市省级派出机构受理、审查并决定。地市级派出机构或省级派出机构自受理之日起2个月内作出批准或不予批准的书面决定。

筹建和开业的申请人、期限适用本办法第十七条、第十九条和第二十一条的规定。

第三章　分支机构设立

第一节　分行、专营机构设立

第四十四条 农村商业银行设立分行，申请人应符合以下条件：

（一）具有清晰的农村金融发展战略和成熟的农村金融商业模式；

（二）农村商业银行设立满 2 年以上；

（三）注册资本不低于 10 亿元人民币；

（四）监管评级良好；

（五）公司治理良好，内部控制健全有效；

（六）主要审慎监管指标符合监管要求，其中不良贷款率低于 3%，资本充足率不低于 12%；

（七）具有拨付营运资金的能力；

（八）具有完善、合规的信息科技系统和信息安全体系，具有标准化的数据管理体系，具备保障业务连续有效安全运行的技术与措施；

（九）最近 2 年无严重违法违规行为和因内部管理问题导致的重大案件；

（十）银保监会规章规定的其他审慎性条件。

第四十五条 农村商业银行设立信用卡中心、“三农”（小企业）信贷中心、私人银行部、票据中心、资金营运中心等专营机构，申请人除应符合第四十四条有关规定外，还应符合以下条件：

（一）专营业务经营体制改革符合该项业务的发展方向，并进行了详细的可行性研究论证；

（二）专营业务经营体制改革符合其总行的总体战略和发展规划，有利于提高整体竞争能力；

（三）开办专营业务 2 年以上，有经营专营业务的管理团队和专业技术人员；

（四）专营业务资产质量、服务等指标达到良好水平，专营业务的成本控制水平较高，具有较好的盈利前景；

（五）银保监会规章规定的其他审慎性条件。

第四十六条 农村商业银行分行、专营机构的筹建申请由其法人机构向拟设地地市级派出机构或所在城市省级派出机构提交，由地市级派出机构或所在城市省级派出机构受理，省级派出机构审查并决定。决定机关自收到完整申请材料或受理之日起 4 个月内作出批准或不批准的书面决定。

第四十七条 农村商业银行分行、专营机构的筹建期为自批准决定之日起6个月。未能按期完成筹建工作的，申请人应在筹建期限届满前1个月向决定机关提交筹建延期报告。筹建延期不得超过一次，筹建延期的最长期限为3个月。

申请人应在前款规定的期限届满前提交分行、专营机构开业申请，逾期未提交的，筹建批准文件失效，由决定机关办理筹建许可注销手续。

第四十八条 农村商业银行分行、专营机构的开业申请由拟设地地市级派出机构或所在城市省级派出机构受理、审查并决定。决定机关自收到完整申请材料或受理之日起2个月内作出批准或不予批准的书面决定。

农村商业银行分行、专营机构开业应符合以下条件：

（一）营运资金到位；

（二）具有符合任职资格条件的高级管理人员和熟悉银行业务的合格从业人员；

（三）具有与业务发展相适应的组织机构和规章制度；

（四）具有与业务经营相适应的营业场所、安全防范措施和其他设施；

（五）具有与业务经营相适应的信息科技部门，具有必要、安全且合规的信息科技系统，具备保障本级信息科技系统有效安全运行的技术与措施。

第二节　支行设立

第四十九条 农村商业银行、农村合作银行在注册地辖区内设立支行，申请人除符合第四十四条（一）、（五）、（七）、（八）项规定的条件外，还应符合以下条件：

（一）主要审慎监管指标符合监管要求；

（二）最近1年无严重违法违规行为和因内部管理问题导致的重大案件；

（三）银保监会规章规定的其他审慎性条件。

农村商业银行在注册地辖区外设立支行，申请人除符合第四十四条（一）、（五）、（七）、（八）、（九）项规定的条件外，还应符合以下条件：

（一）农村商业银行设立满1年以上；

（二）监管评级良好；

（三）注册资本不低于5亿元人民币；

（四）主要审慎监管指标符合监管要求；

（五）银保监会规章规定的其他审慎性条件。

第五十条 村镇银行设立6个月以上，公司治理良好，主要审慎监管指标符合监管要求的，其法人机构可根据当地金融服务需求申请在注册地辖区内设立支行。

第五十一条 农村商业银行、农村合作银行、村镇银行在注册地辖区内设立支行，其筹建方案由法人机构事后报告开业决定机关。

农村商业银行在注册地辖区外的支行筹建申请，由拟设地地市级派出机构或所在城市省级派出机构受理，省级派出机构审查并决定。省级派出机构自收到完整申请材料或受理之日起4个月内作出批准或不批准的书面决定。筹建的期限适用于本办法第四十七条的规定。

第五十二条 农村商业银行、农村合作银行、村镇银行在注册地辖区内的支行开业申请由法人机构提交，由地市级派出机构或所在城市省级派出机构受理、审查并决定。农村商业银行在注册地辖区外的支行开业申请由拟设地地市级派出机构或所在城市省级派出机构受理、审查并决定。地市级派出机构或省级派出机构自受理之日起2个月内作出批准或不予批准的书面决定。

支行开业应符合以下条件：

（一）营运资金到位；

（二）具有符合任职资格条件的高级管理人员和熟悉银行业务的合格从业人员；

（三）具有与业务经营相适应的营业场所、安全防范措施和其他设施。

第五十三条 农村商业银行分行在分行所在地辖区内设立支行，其行政许可条件、程序、事权划分和时限按照农村商业银行在注册地辖区内设立支行的相关规定执行。

第三节　分理处、信用社、分社、分公司设立

第五十四条 农村商业银行、农村合作银行、村镇银行设立分理处，农村信用合作联社、农村信用联社设立信用社、分社，贷款公司设立分公司，申请人除应符合第四十四条（七）、（八）项规定的条件外，还应符合以下条

件：

（一）主要审慎监管指标符合监管要求；

（二）有熟悉银行业务的合格从业人员；

（三）最近1年无严重违法违规行为和因内部管理问题导致的重大案件；

（四）银保监会规章规定的其他审慎性条件。

第五十五条 农村商业银行、农村合作银行、村镇银行设立分理处，农村信用合作联社、农村信用联社设立信用社、分社，贷款公司设立分公司，其筹建方案由法人机构事后报告开业决定机关。

开业申请由法人机构提交，由地市级派出机构或所在城市省级派出机构受理、审查并决定。地市级派出机构或省级派出机构自受理之日起2个月内作出批准或不予批准的书面决定。

第五十六条 分支机构开业许可事项，申请人应在收到开业批准文件并按规定领取金融许可证后，根据工商行政管理部门的规定办理登记手续，领取营业执照。

分支机构应自领取营业执照之日起6个月内开业。未能按期开业的，申请人应在开业期限届满前1个月向决定机关提交开业延期报告。开业延期不得超过一次，开业延期的最长期限为3个月。

分支机构未在前款规定时限内开业的，开业批准文件失效，由决定机关办理开业许可注销手续，收回其金融许可证，并予以公告。

第四章 机构变更

第一节 法人机构变更

第五十七条 法人机构变更包括：变更名称，变更住所，变更组织形式，变更股权，变更注册资本，修改章程，分立和合并等。

第五十八条 法人机构变更名称，名称中应标明“农村商业银行”“农村合作银行”“信用合作社”“联合社”“联社”“村镇银行”“贷款公司”和“农村资金互助社”等机构种类字样，并符合唯一性和商誉保护原则。

法人机构变更名称，由地市级派出机构或所在城市省级派出机构受理，省级派出机构审查并决定。

省（自治区）农村信用社联合社和直辖市农村商业银行变更名称，由省级派出机构受理、审查并决定，事后报告银保监会。

第六十一条 农村中小金融机构股权变更，受让人应符合本办法规定的相应发起人（出资人）资格条件。

农村商业银行、农村合作银行、农村信用合作联社、农村信用联社、村镇银行和农村资金互助社变更持有股本总额1%以上、5%以下的单一股东（社员），由法人机构报告地市级派出机构或所在城市省级派出机构；持有股本总额5%以上、10%以下的单一股东（社员）的变更申请，由地市级派出机构或所在城市省级派出机构受理、审查并决定。

农村商业银行、农村合作银行、农村信用合作联社、农村信用联社、村镇银行持有股本总额10%以上的单一股东（社员）的变更申请，由地市级派出机构或所在城市省级派出机构受理，省级派出机构审查并决定，事后报告银保监会。

省（自治区）农村信用社联合社、地市农村信用合作社联合社变更持有股本总额1%以上、5%以下的单一社员，报告省级派出机构。变更持有股本总额5%以上的单一社员，由省级派出机构受理、审查并决定。

向境外银行转让股权由地市级派出机构或所在城市省级派出机构受理，省级派出机构审查并决定，事后报告银保监会。

投资人入股农村中小金融机构，应按照《商业银行与内部人和股东关联交易管理办法》的有关规定，完整、真实地披露其关联关系。

第六十五条 农村商业银行、农村信用联社、村镇银行、贷款公司分立、合并应符合《中华人民共和国公司法》等有关规定；农村合作银行、农村信用合作社、农村信用合作社联合社、农村信用合作联社、省（自治区）农村信用社联合社和农村资金互助社分立、合并应参照《中华人民共和国公司法》等有关规定。

法人机构的合并，由省级派出机构受理并初步审查，银保监会审查并决定。农村商业银行、省（自治区）农村信用社联合社的分立，由省级派出机构受理并初步审查，银保监会审查并决定；其他法人机构的分立，由地市级派出机构或所在城市省级派出机构受理，省级派出机构审查并决定。

存续分立的，在分立公告期限届满后，存续方应按照变更事项的条件和程序通过行政许可；新设方应按照法人机构开业的条件和程序通过行政许可。

新设分立的，在分立公告期限届满后，新设方应按照法人机构开业的条件和程序通过行政许可；原法人机构应按照法人机构解散的条件和程序通过行政许可。

吸收合并的，在合并公告期限届满后，吸收合并方应按照变更事项的条件和程序通过行政许可；被吸收合并方应按照法人机构解散的条件和程序通过行政许可。被吸收合并方改建为分支机构的，应按照分支机构开业的条件和程序通过行政许可。

新设合并的，在合并公告期限届满后，新设方应按照法人机构开业的条件和程序通过行政许可；原法人机构应按照法人机构解散的条件和程序通过行政许可。

第七章　董事（理事）和高级管理人员任职资格许可

第一节　任职资格条件

第九十六条　农村商业银行、农村合作银行、农村信用联社、村镇银行董事长、副董事长、独立董事和其他董事等董事会成员以及董事会秘书；农村信用合作社、农村信用合作社联合社、农村信用合作联社、省（自治区）农村信用社联合社、农村资金互助社理事长、副理事长、独立理事和其他理事等理事会成员须经任职资格许可。

农村商业银行、农村合作银行、村镇银行的行长、副行长、行长助理、风险总监、财务总监、合规总监、总审计师、总会计师、首席信息官以及同职级高级管理人员，内审部门负责人、财务部门负责人、合规部门负责人；农村信用合作社主任；农村信用合作社联合社、农村信用合作联社、农村信用联社主任、副主任；省（自治区）农村信用社联合社主任、副主任、主任助理、总审计师以及同职级高级管理人员，合规部门负责人、办事处（区域审计中心）主任；贷款公司总经理；农村资金互助社经理；农村商业银行分行行长、副行长、行长助理，专营机构总经理、副总经理、总经理助理等高级管理人员须经任职资格许可。

农村商业银行、农村合作银行、村镇银行营业部负责人和支行行长，县（市、区）农村信用合作社联合社、农村信用合作联社、农村信用联社营业部负责人和信用社主任，地市农村信用合作联社、农村信用联社营业部负责人和信用社主任、副主任，农村商业银行分行营业部负责人应符合拟任人任职资格条件。

其他虽未担任上述职务，但实际履行本条前两款所列董事（理事）和高级管理人员职责的人员，应按银保监会认定的同类人员纳入任职资格管理。

第一百条 申请农村中小金融机构董事（理事）任职资格，拟任人除应符合本办法第九十七条规定条件外，还应具备以下条件：

（一）5 年以上的法律、经济、金融、财务或其他有利于履行董事（理事）职责的工作经历；

（二）能够运用金融机构的财务报表和统计报表判断金融机构的经营管理和风险状况；

（三）了解拟任职机构公司治理结构、公司章程和董事（理事）会职责。

申请农村中小金融机构独立董事（理事）任职资格，拟任人还应是法律、经济、金融、财会方面的专业人员，并符合相关法规规定。

农村资金互助社理事不适用本条规定。

第一百零二条 申请农村中小金融机构董事长（理事长）、副董事长（副理事长）、独立董事（理事）和董事会秘书任职资格，拟任人还应分别符合以下学历和从业年限条件：

（一）拟任农村商业银行、农村合作银行董事长、副董事长，省（自治区）农村信用社联合社理事长、副理事长，地市农村信用联社董事长、副董事长，地市农村信用合作社联合社、地市农村信用合作联社理事长、副理事长，应具备本科以上学历，从事金融工作 6 年以上，或从事相关经济工作 10 年以上（其中从事金融工作 3 年以上）；

（二）拟任县（市、区）农村信用联社董事长、副董事长，县（市、区）农村信用合作社联合社、县（市、区）农村信用合作联社理事长、副理事长，农村商业银行、农村合作银行、农村信用联社董事会秘书，农村信用合作社理事长、副理事长，村镇银行董事长、执行董事、董事会秘书，应具备大专以上学历，从事金融工作4年以上，或从事相关经济工作6年以上（其中从事金融工作2年以上）；

（三）拟任农村资金互助社理事长，应具备高中或中专以上学历；

（四）拟任独立董事（理事），应具备本科以上学历。

第一百零四条 农村中小金融机构高级管理人员拟任人还应分别符合以下学历和从业年限条件：

（一）拟任农村商业银行、农村合作银行行长、副行长、行长助理、风险总监、财务总监、合规总监，分行行长、副行长、行长助理，专营机构总经理、副总经理、总经理助理，省（自治区）农村信用社联合社主任、副主任、主任助理、总审计师，地市农村信用合作社联合社、地市农村信用合作联社、地市农村信用联社主任、副主任，省（自治区）农村信用社联合社办事处（区域审计中心）主任，应具备本科以上学历，从事金融工作6年以上，或从事相关经济工作10年以上（其中从事金融工作3年以上）；

（二）拟任县（市、区）农村信用合作社联合社、县（市、区）农村信用合作联社、农村信用联社主任、副主任、营业部负责人，地市农村信用合作联社、农村信用联社信用社主任、副主任、营业部负责人，农村商业银行和农村合作银行营业部负责人，农村商业银行分行营业部负责人，农村商业银行、农村合作银行支行行长，村镇银行行长、副行长、行长助理、风险总监、财务总监、合规总监、营业部负责人、支行行长，农村信用合作社主任、县（市、区）农村信用合作联社信用社主任、农村信用联社信用社主任，贷款公司总经理，应具备大专以上学历，从事金融工作4年以上，或从事相关经济工作6年以上（其中从事金融工作2年以上）；

（三）拟任农村商业银行、农村合作银行、村镇银行总审计师、总会计师、内审部门负责人、财务部门负责人，应具备大专以上学历，取得国家或国际认可的会计、审计专业技术职称（或通过国家或国际认可的会计、审计专业技术资格考试），并从事财务、会计或审计工作6年以上（其中从事金融工作2年以上）；

（四）拟任省（自治区）农村信用社联合社、农村商业银行、农村合作银行、村镇银行合规部门负责人，应具备本科以上学历，并从事金融工作 4 年以上；

（五）拟任农村商业银行、农村合作银行、村镇银行首席信息官，应具备本科以上学历，并从事信息科技工作 6 年以上（其中任信息科技高级管理职务 4 年以上并从事金融工作 2 年以上）；

（六）拟任农村资金互助社经理，应具备高中或中专以上学历。

第二节 任职资格许可程序

第一百零七条 以下机构董事（理事）和高级管理人员任职资格申请由地市级派出机构或所在城市省级派出机构受理、审查并决定。

（一）县（市、区）农村商业银行、农村合作银行、农村信用联社、村镇银行董事长、副董事长、董事、董事会秘书和高级管理人员，贷款公司总经理；

（二）地市农村商业银行副董事长、董事、董事会秘书、副行长、行长助理、风险总监、财务总监、合规总监、总审计师、总会计师、首席信息官、内审部门负责人、财务部门负责人、合规部门负责人；

（三）农村信用合作社、县（市、区）农村信用合作社联合社、县（市、区）农村信用合作联社、农村资金互助社理事长、副理事长、理事和高级管理人员；

（四）地市农村信用合作社联合社、地市农村信用合作联社副理事长、理事、副主任，地市农村信用联社副董事长、董事、副主任；

（五）农村商业银行分行行长、副行长、行长助理，专营机构总经理、副总经理、总经理助理。

农村商业银行、农村合作银行、村镇银行营业部负责人和支行行长，县（市、区）农村信用合作社联合社、农村信用合作联社、农村信用联社营业部负责人和信用社主任，地市农村信用合作联社、农村信用联社营业部负责人和信用社主任、副主任，农村商业银行分行营业部负责人任职应报告地市级派出机构或所在城市省级派出机构。

中国银行业监督管理委员会关于印发《农村资金互助社管理暂行规定》的通知

银监发〔2007〕7号　2007年1月22日

各银监局：

为做好调整放宽农村地区银行业金融机构准入政策的试点工作，银监会制定了《农村资金互助社管理暂行规定》。现印发给你们，请遵照执行。

请各银监局速将本通知转发至辖内各银监分局。组建过程中遇到的问题，要及时向银监会报告。

附：

农村资金互助社管理暂行规定

第一章　总　则

第一条　为加强农村资金互助社的监督管理，规范其组织和行为，保障农村资金互助社依法、稳健经营，改善农村金融服务，根据《中华人民共和国银行业监督管理法》等有关法律、行政法规和规章，制定本规定。

第二条　农村资金互助社是指经银行业监督管理机构批准，由乡（镇）、行政村农民和农村小企业自愿入股组成，为社员提供存款、贷款、结算等业务的社区互助性银行业金融机构。

第三条　农村资金互助社实行社员民主管理，以服务社员为宗旨，谋求社员共同利益。

第四条 农村资金互助社是独立的企业法人，对由社员股金、积累及合法取得的其他资产所形成的法人财产，享有占有、使用、收益和处分的权利，并以上述财产对债务承担责任。

第五条 农村资金互助社的合法权益和依法开展经营活动受法律保护，任何单位和个人不得侵犯。

第六条 农村资金互助社社员以其社员股金和在本社的社员积累为限对该社承担责任。

第七条 农村资金互助社从事经营活动，应遵守有关法律法规和国家金融方针政策，诚实守信，审慎经营，依法接受银行业监督管理机构的监管。

第二章 机构设立

第八条 农村资金互助社应在农村地区的乡（镇）和行政村以发起方式设立。其名称由所在地行政区划、字号、行业和组织形式依次组成。

第九条 设立农村资金互助社应符合以下条件：

（一）有符合本规定要求的章程；

（二）有 10 名以上符合本规定社员条件要求的发起人；

（三）有符合本规定要求的注册资本。在乡（镇）设立的，注册资本不低于 30 万元人民币，在行政村设立的，注册资本不低于 10 万元人民币，注册资本应为实缴资本；

（四）有符合任职资格的理事、经理和具备从业条件的工作人员；

（五）有符合要求的营业场所，安全防范设施和与业务有关的其他设施；

（六）有符合规定的组织机构和管理制度；

（七）银行业监督管理机构规定的其他条件。

第十条 设立农村资金互助社，应当经过筹建与开业两个阶段。

第十一条 农村资金互助社申请筹建，应向银行业监督管理机构提交以下文件、资料：

（一）筹建申请书；

（二）筹建方案；

（三）发起人协议书；

（四）银行业监督管理机构要求的其他文件、资料。

第十二条 农村资金互助社申请开业，应向银行业监督管理机构提交以下文件、资料：

（一）开业申请；

（二）验资报告；

（三）章程（草案）；

（四）主要管理制度；

（五）拟任理事、经理的任职资格申请材料及资格证明；

（六）营业场所、安全防范设施等相关资料；

（七）银行业监督管理机构规定的其他文件、资料。

第十三条 农村资金互助社章程应当载明以下事项：

（一）名称和住所；

（二）业务范围和经营宗旨；

（三）注册资本及股权设置；

（四）社员资格及入社、退社和除名；

（五）社员的权利和义务；

（六）组织机构及其产生办法、职权和议事规则；

（七）财务管理和盈余分配、亏损处理；

（八）解散事由和清算办法；

（九）需要规定的其他事项。

第十四条 农村资金互助社的筹建申请由银监分局受理并初步审查，银监局审查并决定；开业申请由银监分局受理、审查并决定。银监局所在城市的乡（镇）、行政村农村资金互助社的筹建、开业申请，由银监局受理、审查并决定。

第十五条 经批准设立的农村资金互助社，由银行业监督管理机构颁发金融许可证，并按工商行政管理部门规定办理注册登记，领取营业执照。

第十六条 农村资金互助社不得设立分支机构。

第三章　社员和股权管理

第十七条　农村资金互助社社员是指符合本规定要求的入股条件，承认并遵守章程，向农村资金互助社入股的农民及农村小企业。章程也可以限定其社员为某一农村经济组织的成员。

第十八条　农民向农村资金互助社入股应符合以下条件：

（一）具有完全民事行为能力；

（二）户口所在地或经常居住地（本地有固定住所且居住满3年）在入股农村资金互助社所在乡（镇）或行政村内；

（三）入股资金为自有资金且来源合法，达到章程规定的入股金额起点；

（四）诚实守信，声誉良好；

（五）银行业监督管理机构规定的其他条件。

第十九条　农村小企业向农村资金互助社入股应符合以下条件：

（一）注册地或主要营业场所在入股农村资金互助社所在乡（镇）或行政村内；

（二）具有良好的信用记录；

（三）上一年度盈利；

（四）年终分配后净资产达到全部资产的10%以上（合并会计报表口径）；

（五）入股资金为自有资金且来源合法，达到章程规定的入股金额起点；

（六）银行业监督管理机构规定的其他条件。

第二十条　单个农民或单个农村小企业向农村资金互助社入股，其持股比例不得超过农村资金互助社股金总额的10%，超过5%的应经银行业监督管理机构批准。

社员入股必须以货币出资，不得以实物、贷款或其他方式入股。

第二十一条　农村资金互助社应向入股社员颁发记名股金证，作为社员的入股凭证。

第二十二条　农村资金互助社的社员享有以下权利：

（一）参加社员大会，并享有表决权、选举权和被选举权，按照章程规定参加该社的民主管理；

（二）享受该社提供的各项服务；

（三）按照章程规定或者社员大会（社员代表大会）决议分享盈余；

（四）查阅该社的章程和社员大会（社员代表大会）、理事会、监事会的决议、财务会计报表及报告；

（五）向有关监督管理机构投诉和举报；

（六）章程规定的其他权利。

第二十三条　农村资金互助社社员参加社员大会，享有一票基本表决权；出资额较大的社员按照章程规定，可以享有附加表决权。该社的附加表决权总票数，不得超过该社社员基本表决权总票数的20%。享有附加表决权的社员及其享有的附加表决权数，应当在每次社员大会召开时告知出席会议的社员。章程可以限制附加表决权行使的范围。

社员代表参加社员代表大会，享有一票表决权。

不能出席会议的社员（社员代表）可授权其他社员（社员代表）代为行使其表决权。授权应采取书面形式，并明确授权内容。

第二十四条　农村资金互助社社员承担下列义务：

（一）执行社员大会（社员代表大会）的决议；

（二）向该社入股；

（三）按期足额偿还贷款本息；

（四）按照章程规定承担亏损；

（五）积极向本社反映情况，提供信息；

（六）章程规定的其他义务。

第二十五条　农村资金互助社社员不得以所持本社股金为自己或他人担保。

第二十六条　农村资金互助社社员的股金和积累可以转让、继承和赠与，但理事、监事和经理持有的股金和积累在任职期限内不得转让。

第二十七条　同时满足以下条件，社员可以办理退股。

（一）社员提出全额退股申请；

（二）农村资金互助社当年盈利；

（三）退股后农村资金互助社资本充足率不低于 8%；

（四）在本社没有逾期未偿还的贷款本息。

要求退股的，农民社员应提前 3 个月，农村小企业社员应提前 6 个月向理事会或经理提出，经批准后办理退股手续。退股社员的社员资格在完成退股手续后终止。

第二十八条 社员在其资格终止前与农村资金互助社已订立的合同，应当继续履行；章程另有规定或者与该社另有约定的除外。

第二十九条 社员资格终止的，农村资金互助社应当按照章程规定的方式、期限和程序，及时退还该社员的股金和积累份额。社员资格终止的当年不享受盈余分配。

第四章　组织机构

第三十条 农村资金互助社社员大会由全体社员组成，是该社的权力机构。社员超过 100 人的，可以由全体社员选举产生不少于 31 名的社员代表组成社员代表大会，社员代表大会按照章程规定行使社员大会职权。

社员大会（社员代表大会）行使以下职权：

（一）制定或修改章程；

（二）选举、更换理事、监事以及不设理事会的经理；

（三）审议通过基本管理制度；

（四）审议批准年度工作报告；

（五）审议决定固定资产购置以及其他重要经营活动；

（六）审议批准年度财务预、决算方案和利润分配方案、弥补亏损方案；

（七）审议决定管理和工作人员薪酬；

（八）对合并、分立、解散和清算等做出决议；

（九）章程规定的其他职权。

第三十一条 农村资金互助社召开社员大会（社员代表大会），出席人数应当达到社员（社员代表）总数三分之二以上。

社员大会（社员代表大会）选举或者做出决议，应当由该社社员（社员代表）表决权总数过半数通过；做出修改章程或者合并、分立、解散和清算的决议应当由该社社员表决权总数的三分之二以上通过。章程对表决权数有较高规定的，从其规定。

第三十二条　农村资金互助社社员大会（社员代表大会）每年至少召开一次，有以下情形之一的，应当在 20 日内召开临时社员大会（社员代表大会）：

（一）三分之一以上的社员提议；

（二）理事会、监事会、经理提议；

（三）章程规定的其他情形。

第三十三条　农村资金互助社社员大会（社员代表大会）由理事会召集，不设理事会的由经理召集，应于会议召开 15 日前将会议时间、地点及审议事项通知全体社员（社员代表）。章程另有规定的除外。

第三十四条　农村资金互助社召开社员大会（社员代表大会）、理事会应提前 5 个工作日通知属地银行业监督管理机构，银行业监督管理机构有权参加。

社员大会（社员代表大会）、理事会决议应在会后 10 日内报送银行业监督管理机构备案。

第三十五条　农村资金互助社原则上不设理事会，设立理事会的，理事不少于 3 人，设理事长 1 人，理事长为法定代表人。理事会的职责及议事规则由章程规定。

第三十六条　农村资金互助社设经理 1 名（可由理事长兼任），未设理事会的，经理为法定代表人。经理按照章程规定和社员大会（社员代表大会）的授权，负责该社的经营管理。

经理事会、监事会同意，经理可以聘任（解聘）财务、信贷等工作人员。

第三十七条　农村资金互助社理事、经理任职资格需经属地银行业监督管理机构核准。农村资金互助社理事长、经理应具备高中或中专及以上学历，上岗前应通过相应的从业资格考试。

第三十八条　农村资金互助社应设立由社员、捐赠人以及向其提供融资的金融机构等利益相关者组成的监事会，其成员一般不少于 3 人，设监事长 1 人。监事会按照章程规定和社员大会（社员代表大会）授权，对农村资金互助社的经营活动进行监督。监事会的职责及议事规则由章程规定。

农村资金互助社经理和工作人员不得兼任监事。

第三十九条 农村资金互助社的理事、监事、经理和工作人员不得有以下行为：

（一）侵占、挪用或者私分本社资产；

（二）将本社资金借贷给非社员或者以本社资产为他人提供担保；

（三）从事损害本社利益的其他活动。

违反上述规定所得的收入，应当归该社所有；造成损失的，应当承担赔偿责任。

第四十条 执行与农村资金互助社业务有关公务的人员不得担任农村资金互助社的理事长、经理和工作人员。

第五章 经营管理

第四十一条 农村资金互助社以吸收社员存款、接受社会捐赠资金和向其他银行业金融机构融入资金作为资金来源。

农村资金互助社接受社会捐赠资金，应由属地银行业监督管理机构对捐赠人身份和资金来源合法性进行审核；向其他银行业金融机构融入资金应符合本规定要求的审慎条件。

第四十二条 农村资金互助社的资金应主要用于发放社员贷款，满足社员贷款需求后确有富余的可存放其他银行业金融机构，也可购买国债和金融债券。

农村资金互助社发放大额贷款、购买国债或金融债券、向其他银行业金融机构融入资金，应事先征求理事会、监事会意见。

第四十三条 农村资金互助社可以办理结算业务，并按有关规定开办各类代理业务。

第四十四条 农村资金互助社开办其他业务应经属地银行业监督管理机构及其他有关部门批准。

第四十五条 农村资金互助社不得向非社员吸收存款、发放贷款及办理其他金融业务，不得以该社资产为其他单位或个人提供担保。

第四十六条 农村资金互助社根据其业务经营需要，考虑安全因素，应按存款和股金总额一定比例合理核定库存现金限额。

第四十七条 农村资金互助社应审慎经营，严格进行风险管理：

（一）资本充足率不得低于8%；

（二）对单一社员的贷款总额不得超过资本净额的15%；

（三）对单一农村小企业社员及其关联企业社员、单一农民社员及其在同一户口簿上的其他社员贷款总额不得超过资本净额的20%；

（四）对前十大户贷款总额不得超过资本净额的50%；

（五）资产损失准备充足率不得低于100%；

（六）银行业监督管理机构规定的其他审慎要求。

第四十八条 农村资金互助社执行国家有关金融企业的财务制度和会计准则，设置会计科目和法定会计账册，进行会计核算。

第四十九条 农村资金互助社应按照财务会计制度规定提取呆账准备金，进行利润分配，在分配中应体现多积累和可持续的原则。

农村资金互助社当年如有未分配利润（亏损）应全额计入社员积累，按照股金份额量化至每个社员。

第五十条 农村资金互助社监事会负责对本社进行内部审计，并对理事长、经理进行专项审计、离任审计，审计结果应当向社员大会（社员代表大会）报告。

社员大会（社员代表大会）也可以聘请中介机构对本社进行审计。

第五十一条 农村资金互助社应按照规定向社员披露社员股金和积累情况、财务会计报告、贷款及经营风险情况、投融资情况、盈利及其分配情况、案件和其他重大事项。

第五十二条 农村资金互助社应按规定向属地银行业监督管理机构报送业务和财务报表、报告及相关资料，并对所报报表、报告和相关资料的真实性、准确性、完整性负责。

第六章　监督管理

第五十三条 银行业监督管理机构按照审慎监管要求对农村资金互助社

进行持续、动态监管。

第五十四条 银行业监督管理机构根据农村资金互助社的资本充足和资产风险状况，采取差别监管措施。

（一）资本充足率大于8%、不良资产率在5%以下的，可向其他银行业金融机构融入资金，属地银行业监督管理部门有权依据其运营状况和信用程度提出相应的限制性措施。银行业监督管理机构可适当降低对其现场检查频率；

（二）资本充足率低于8%大于2%的，银行业监督管理机构应禁止其向其他银行业金融机构融入资金，限制其发放贷款，并加大非现场监管及现场检查的力度；

（三）资本充足率低于2%的，银行业监督管理机构应责令其限期增扩股金、清收不良贷款、降低资产规模，限期内未达到规定的，要求其自行解散或予以撤销。

第五十五条 农村资金互助社违反本规定其他审慎性要求的，银行业监督管理机构应责令其限期整改，并采取相应监管措施。

第五十六条 农村资金互助社违反有关法律、法规，存在超业务范围经营、账外经营、设立分支机构、擅自变更法定变更事项等行为的，银行业监督管理机构应责令其改正，并按《中华人民共和国银行业监督管理法》和《金融违法行为处罚办法》等法律法规进行处罚；对理事、经理、工作人员的违法违规行为，可责令农村资金互助社给予处分，并视不同情形，对理事、经理给予取消一定期限直至终身任职资格的处分；构成犯罪的，移交司法机关，依法追究刑事责任。

第五十七条 本规定的处罚，由银行业监督管理机构按其监管权限决定并组织实施。当事人对处罚决定不服的，可以向作出处罚决定的银行业监督管理机构的上一级机构提请行政复议；对行政复议决定不服的，可向人民法院申请行政诉讼。

第七章 合并、分立、解散和清算

第五十八条 农村资金互助社合并，应当自合并决议做出之日起10日内通知债权人。合并各方的债权、债务应当由合并后存续或者新设的机构承继。

第五十九条 农村资金互助社分立，其财产作相应的分割，并应当自分立决议做出之日起 10 日内通知债权人。分立前的债务由分立后的机构承担连带责任，但在分立前与债权人就债务清偿达成书面协议另有约定的除外。

第六十条 农村资金互助社因以下原因解散：

（一）章程规定的解散事由出现；

（二）社员大会决议解散；

（三）因合并或者分立需要解散；

（四）依法被吊销营业执照或者被撤销。

因前款第（一）（二）（四）项原因解散的，应当在解散事由出现之日起 15 日内由社员大会推举成员组成清算组，开始解散清算。逾期不能组成清算组的，社员、债权人可以向人民法院申请指定社员组成清算组进行清算。

第六十一条 清算组自成立之日起接管农村资金互助社，负责处理与清算有关未了结业务，清理财产和债权、债务，分配清偿债务后的剩余财产，代表农村资金互助社参与诉讼、仲裁或者其他法律事宜。

第六十二条 农村资金互助社因本规定第六十条第一款的原因解散不能办理社员退股。

第六十三条 清算组负责制定包括清偿农村资金互助社员工的工资及社会保险费用，清偿所欠税款和其他各项债务，以及分配剩余财产在内的清算方案，经社员大会通过后实施。

第六十四条 清算组成员应当忠于职守，依法履行清算义务，因故意或者重大过失给农村资金互助社社员及债权人造成损失的，应当承担赔偿责任。

第六十五条 农村资金互助社因解散、被撤销而终止的，应当向发证机关缴回金融许可证，及时到工商行政管理部门办理注销登记，并予以公告。

第八章 附 则

第六十六条 本规定所称农村地区，是指中西部、东北和海南省的县（市）及县（市）以下地区，以及其他省（自治区、直辖市）的国定贫困县和省定贫困县及县以下地区。

第六十七条 本规定由中国银行业监督管理委员会负责解释。

第六十八条 本规定自发布之日起施行。

中国银监会办公厅关于印发《农村资金互助社示范章程》的通知

银监办发〔2007〕51号　2007年2月4日

各银监局：

现将《农村资金互助社示范章程》印发给你们，请转发辖内银监分局，供各地在组建农村资金互助社工作中参考。

附：

农村资金互助社示范章程

第一章　总　　则

第一条　为维护××农村资金互助社（以下简称本社）社员和债权人的合法权益，规范本社的组织和行为，根据《农村资金互助社管理暂行规定》，制定本章程。

第二条　本社注册名称：

注册资本：

本社住所：

邮政编码：

第三条　本社是经银行业监督管理机构批准，由××县（市）××乡（镇）

或行政村农民和农村小企业自愿入股组成，为社员提供存款、贷款、结算等业务的社区互助性银行业金融机构。

（或：本社是经银行业监督管理机构批准，由××县（市）××乡（镇）或行政村××经济组织的农民和农村小企业自愿入股组成，为社员提供存款、贷款、结算等业务的社区互助性银行业金融机构）

本社不设立分支机构。

第四条 本社实行社员民主管理，以服务社员为宗旨，谋求社员共同利益。

第五条 本社依据《农村资金互助社管理暂行规定》设立，在工商管理部门进行登记，取得法人资格，对由社员股金、积累以及合法取得的其他资产所形成的法人财产，享有占有、使用、收益和处分的权利，并以全部法人财产对本社债务承担责任。

第六条 本社的财产、合法权益和依法经营活动受法律保护，任何单位和个人不得侵犯和非法干预。

第七条 本社社员以其社员股金和在本社的社员积累为限对本社的债务承担责任。

第八条 本章程自生效之日起，即成为规范本社的组织与行为、本社与社员、社员与社员之间权利义务关系的具有法律约束力的文件。

第九条 本社遵守国家有关法律、行政法规和规章，执行国家金融方针和政策，依法接受银行业监督管理机构的监管。

第二章 业务范围

第十条 经银行业监督管理机构批准，本社经营以下业务：

（一）办理社员存款、贷款和结算业务；

（二）买卖政府债券和金融债券；

（三）办理同业存放；

（四）办理代理业务；

（五）向其他银行业金融机构融入资金（符合审慎要求）；

（六）经银行业监督管理机构批准的其他业务。

第三章　社　员

第十一条　本社社员是指符合本章程规定的入股条件，承认并遵守本章程，向本社入股的农民及农村小企业。

（或：本社社员是指符合本章程规定的入股条件，承认并遵守本章程，向本社入股的××农村经济组织的农民和农村小企业成员）

第十二条　农民向本社入股应符合以下条件：

（一）具有完全民事行为能力；

（二）户口所在地或经常居住地（本地有固定住所且居住满3年）在本社所在的××乡（镇）或行政村内；

（三）入股资金为自有资金且来源合法，达到本章程规定的入股金额起点；

（四）诚实守信，声誉良好；

（五）本章程规定的其他条件。

第十三条　农村小企业向本社入股应符合以下条件：

（一）注册地或主要营业场所在本社所在的××乡（镇）或行政村内；

（二）具有良好的信用记录；

（三）上一年度盈利；

（四）年终分配后净资产达到全部资产的10%以上（合并会计报表口径）；

（五）入股资金为自有资金且来源合法，达到本章程规定的入股金额起点；

（六）本章程规定的其他条件。

第十四条　本社社员享有以下权利：

（一）参加社员大会，并享有表决权、选举权和被选举权，按照章程规定参加本社的民主管理；

（二）享受本社提供的各项服务；

（三）按照章程规定或者社员大会（社员代表大会）决议分享盈余；

（四）查阅本社的章程和社员大会（社员代表大会）、理事会、监事会的决议、财务会计报表及报告；

（五）向有关监督管理机构投诉和举报；

（六）本章程规定的其他权利。

第十五条 本社社员承担以下义务：

（一）向本社入股；

（二）执行社员大会（社员代表大会）的决议；

（三）按期足额偿还贷款本息；

（四）按本章程规定承担亏损；

（五）积极向本社反映情况、提供信息；

（六）本章程规定的其他义务。

第四章 股权管理

第十六条 本社每个农民社员入股金额起点为×元，每个农村小企业社员入股金额起点为×元，入股金额为元的整数倍。单个农民社员或单个农村小企业社员入股金额不得超过本社股金总额的10%。

第十七条 社员缴纳股金必须以货币出资，不得以实物、贷款或其他方式入股。

第十八条 本社向入股社员发放记名股金证，作为社员的入股凭证。

第十九条 本社社员持有的股金和积累可以转让、继承和赠与，但理事、监事和经理持有的股金和积累在任职期限内不得转让。

第二十条 本社社员不得以所持本社股金和积累为自己或他人担保。

第二十一条 同时满足以下条件，本社社员可以办理退股。

（一）社员提出全额退股申请；

（二）本社当年盈利；

（三）退股后本社资本充足率不低于8%；

（四）在本社没有逾期未偿还的贷款本息。

第二十二条 凡要求退股的，农民社员应提前3个月，农村小企业社员应提前6个月向理事会（不设理事会的向经理）提出，经批准后办理退股手续。退股社员的社员资格在完成退股手续后终止。

第二十三条 社员在其资格终止前与本社已订立的合同，应当继续履行。

第二十四条 社员资格终止后的 1 个月内，本社以现金形式返还该社员的股金和积累份额；社员资格终止的当年不享受盈余分配。

第二十五条 具备以下情形之一的社员，经理事会（不设理事会的由经理）批准，可予以除名，被除名社员如有未归还贷款，以该社员在本社的股金和社员积累予以抵扣，不足以抵扣的部分，该社员应通过其他方式偿还。

（一）不遵守本社章程；

（二）其行为给本社名誉和利益带来严重危害；

（三）以欺骗手段从本社取得贷款；

（四）恶意逃废在本社的债务；

（五）社员大会（社员代表大会）认为需要除名的其他情形。

第二十六条 本社建立社员名册，社员名册载明以下事项：

（一）社员的姓名或名称、身份证号码或企业法人代码、住所；

（二）社员所持股金金额、投票权确认数；

（三）社员所持股金证书的编号；

（四）社员缴纳股金日期。

第五章　组织机构

第二十七条 社员大会（社员代表大会）是本社的权力机构，由全体社员（社员代表（社员代表按照社员数量（或入股比例）分别从农民社员和农村小企业社员中由全体社员选举产生，本社社员代表大会由×名代表组成，每届任期 3 年，可连选连任））组成。社员大会（社员代表大会）行使以下职权：

（一）制定或修改章程；

（二）选举和更换理事（不设理事会的选举经理）、监事；

（三）审议通过本社的发展规划；

（四）审议通过本社的基本管理制度；

（五）审议批准理事会（不设理事会的为经理）、监事会年度工作报告；

（六）审议决定固定资产购置以及其他重要经营事项；

（七）审议批准年度财务预、决算方案和利润分配方案、弥补亏损方案；

（八）审议决定管理和工作人员薪酬；

（九）对合并、分立、解散和清算等作出决议；

（十）本章程规定的其他职权。

第二十八条 社员大会（社员代表大会）由理事会（不设理事会的由经理）召集，每年至少召开 1 次；经三分之一以上的社员（社员代表）提议，或理事会（不设理事会的由经理）、监事会提议，可在 20 日内召开临时社员大会（社员代表大会）。理事会（不设理事会的由经理）应当将会议召开时间、地点及审议事项于会议召开 15 日前通知全体社员（社员代表）。

第二十九条 召开社员大会（社员代表大会）必须有三分之二以上的社员（社员代表）出席。不能出席会议的社员（社员代表）可授权其他社员（社员代表）代其行使表决权。授权采取书面形式，并明确授权内容。

社员大会（社员代表大会）选举或者做出决议，应当由本社社员（社员代表）表决权总数过半数通过；做出修改章程、选举经理（不设理事会的）或者合并、分立、解散和清算的决议应当由本社社员（社员代表）表决权总数的三分之二以上通过。

第三十条 本社社员参加社员大会，享有一票基本表决权。入股金额前×名的农民社员、前×名的农村小企业社员在基本表决权外，共同享有本社基本表决权总数 20%的附加表决权（享有附加表决权的农民社员、农村小企业社员合计一般不超过 10 名），并按照农民社员和农村小企业社员的入股金额或比例进行分配。享有附加表决权的社员及其享有的附加表决权票数，在每次社员大会召开时告知出席会议的社员。

社员代表参加社员代表大会，享有一票表决权。

第三十一条 理事会是本社的执行机构，由×名（不少于 3 名，应为奇数）理事组成，社员大会（社员代表大会）选举和更换，每届任期三年，可连选连任。理事会设理事长 1 人，为本社法定代表人，由理事会选举产生，经三分之二以上理事表决通过。除理事长外，本社不设专职理事。

第三十二条 理事会会议由理事长召集和主持。每年度至少召开 2 次，必要时可随时召开。理事会行使以下职权：

（一）召集社员大会（社员代表大会），并向社员大会（社员代表大会）报告工作；

（二）执行社员大会（社员代表大会）决议；

（三）选举和更换理事长；

（四）拟订本社的发展规划；

（五）审议决定本社的年度经营计划；

（六）拟订固定资产购置以及经营活动中其他重大事项计划；

（七）对经理拟订的大额贷款、国债和金融债券投资、向其他银行业金融机构融入资金的计划提出审核意见；

（八）聘任和解聘本社经理；

（九）对经理提出的拟聘用（解聘）财务、信贷等工作人员提出审核意见；

（十）审议通过经理的工作报告；

（十一）制定本社的内部管理制度；

（十二）拟订本社年度财务预、决算方案和利润分配方案、亏损弥补方案；

（十三）拟订本社的分立、合并、解散和清算方案；

（十四）社员大会（社员代表大会）授予的其他职权。

不设理事会的，第（五）项、第（八）项、第（十）项职权由社员大会（社员代表大会）行使；第（一）项、第（二）项、第（四）项、第（六）项、第（十一）项、第（十二）项、第（十三）项职权由经理行使；第（七）项、第（九）项职权由监事会行使。

第三十三条 监事会是本社的监督机构，由×名（不少于 3 人，应为奇数）监事组成。监事由社员、捐赠人以及向本社提供融资的金融机构等利益相关者担任，由社员大会（社员代表大会）选举和更换，每届任期 3 年，可连选连任。监事会设监事长 1 名，由监事会选举产生，经三分之二以上监事表决通过。本社经理和工作人员不得兼任监事。本社不设专职监事。

第三十四条 监事会会议由监事长召集和主持，每半年至少召开 1 次，必要时可随时召开。监事会行使以下职权：

（一）派代表列席理事会会议；

（二）监督本社执行相关法律、行政法规和规章；

（三）对理事会决议和经理的决定提出质询；

（四）监督本社的经营管理和财务管理；

（五）进行内部审计，并对理事长、经理进行专项审计和离任审计；

（六）对经理拟聘用（解聘）财务、信贷等工作人员提出审核意见，对经理拟订的大额贷款、国债和金融债券、向其他银行业金融机构融入资金的计划提出审核意见；

（七）向社员大会（社员代表大会）报告工作；

（八）本社章程规定的其他职权。

第三十五条 本社设经理 1 名，由理事会聘任（不设理事会的由社员大会（社员代表大会）选举产生），经理可由理事长兼任。经理全面负责本社的经营管理工作，行使以下职权：

（一）主持本社的经营管理工作，组织实施理事会的决议（不设理事会的组织实施社员大会（社员代表大会）决议）；

（二）拟订本社的内部管理制度；

（三）拟订本社的年度经营计划；

（四）提出拟聘用（解聘）财务、信贷等工作人员意见，以及大额贷款、国债和金融债券投资、向其他银行业金融机构融入资金的计划，征得理事会、监事会同意后实施；

（五）理事会授予的其他职权（不设理事会的，由社员大会（社员代表大会）授权）。

第三十六条 理事长、经理和工作人员的薪酬由社员大会（社员代表大会）决定，本社不向其他理事、监事支付薪酬。

第三十七条 本社的理事、监事、经理和工作人员不得有以下行为：

（一）侵占、挪用或者私分本社资产；

（二）将本社资金借贷给非社员或者以本社资产为他人提供担保；

（三）从事损害本社利益的其他活动。

违反上述规定所得的收入，归本社所有；造成损失的，应当承担赔偿责任。

第三十八条 执行与本社业务有关公务的人员不得担任本社的理事长、经理和工作人员。

第六章 业务、财务管理

第三十九条 本社以吸收社员存款、接受社会捐赠资金和符合审慎要求向其他银行业金融机构融入资金作为资金来源。

第四十条 本社的资金应主要用于发放社员贷款，满足社员贷款需求后确有富余可存放其他银行业金融机构，也可购买国债和金融债券。

第四十一条 本社办理社员结算业务，并按有关规定开办各类代理业务。

第四十二条 本社不向非社员吸收存款、发放贷款及办理其他金融业务，不以本社资产为其他单位或个人提供担保。

第四十三条 本社按存款和股金总额的×%以内留存库存现金。

第四十四条 本社按照审慎经营原则，严格进行风险管理：

（一）资本充足率不低于8%；

（二）对单一社员的贷款总额不超过资本净额的15%；

（三）对单一农村小企业社员及其关联小企业社员、单一农民社员及其在同一户口簿上的其他社员贷款总额不超过资本净额的20%；

（四）对前十大户贷款总额不超过资本净额的50%；

（五）资产损失准备充足率不低于100%；

（六）银行业监督管理机构规定的其他审慎要求。

第四十五条 本社执行国家有关金融企业的财务制度与会计准则，设置会计科目和法定会计账册，进行会计核算。

第四十六条 本社会计年度为公历1月1日至12月31日，在每一会计年度终了时制作财务会计报表及报告，并于召开社员大会（社员代表大会）的20日前置备于本社，供社员查阅。

第四十七条 本社应按照财务会计制度规定提取呆账准备金，进行利润分配。

第四十八条 本社的税后利润按以下顺序分配：

（一）弥补本社以前年度社员积累的亏损；

（二）提取法定盈余公积金［按税后利润（减弥补亏损）不低于10%的比例提取］；

（三）按年末风险资产余额1%的比例提取一般准备；

（四）向社员分配红利；

（五）向社员分配社员积累。

第四十九条 本社的法定盈余公积金累计达到注册资本的50%时，可不再提取。法定盈余公积金可用于弥补以前年度的亏损，但转增股金时，以转增后留存的法定盈余公积金不少于注册资本的25%为限。

第五十条 本社向社员分配红利的比例原则上不超过一年定期存款利率。当年如有未分配利润（亏损）全额计入社员积累，按照股金份额量化至每个社员，并设立专户管理。

第五十一条 本社除法定会计账册外，不得另立会计账册。

第五十二条 本社按照规定向社员披露社员股金和社员积累情况、财务会计报告、贷款发放及其风险情况、投融资情况、盈利及其分配情况、案件和其他重大事项。

第五十三条 本社按规定向属地银行业监督管理机构报送业务、财务报表、报告和相关资料，并对所报报表、报告和相关资料的真实性、准确性、完整性负责。

第七章 合并、分立、解散和清算

第五十四条 本社合并，自合并决议做出之日起10日内通知债权人。合并各方的债权、债务由合并后存续或者新设的机构承继。

第五十五条 本社分立，将财产作相应的分割，自分立决议做出之日起10日内通知债权人。分立前的债务由分立后的机构承担连带责任，但在分立前与债权人就债务清偿达成书面协议另有约定的除外。

第五十六条 本社因以下原因解散：

（一）社员大会决议解散；

（二）因合并或者分立需要解散；

（三）依法被吊销营业执照或者被撤销。

因第（一）项、第（三）项原因解散的，在解散事由出现之日起15日内由社员大会推举成员组成清算组，开始解散清算。逾期不能组成清算组的，由社员、债权人向人民法院申请指定成员组成清算组进行清算。

第五十七条 清算组自成立之日起接管本社，负责处理与清算有关未了结业务，清理财产和债权、债务，分配清偿债务后的剩余财产，代表本社参与诉讼、仲裁或者其他法律事宜，并在清算结束时向银行业监督管理机构缴回金融许可证，到工商行政管理部门办理注销登记，并予以公告。

第五十八条 清算组负责制定包括清偿本社员工的工资及社会保险费用，清偿所欠税款和其他各项债务，以及分配剩余财产在内的清算方案，经社员大会通过后实施。

第五十九条 清算组成员应当忠于职守，依法履行清算义务，因故意或者重大过失给本社社员及债权人造成损失的，应当承担赔偿责任。

第八章 附 则

第六十条 本社设公告栏，对需要公告的事项以张贴的形式向全体社员公告。

第六十一条 本社社员大会（社员代表大会）通过的章程修改、补充规定，经银行业监督管理机构核准，视为本章程的组成部分。

第六十二条 本章程未尽事宜依照国家有关法律法规、行政规章及银行业监督管理机构的有关规定办理。

第六十三条 本章程的解释权属本社理事会（不设理事会的为经理），修改权属本社社员大会（社员代表大会）。

第六十四条 本章程经本社社员大会（社员代表大会）通过，自银行业监督管理机构批准并依法注册之日起生效。

中国银监会关于农村资金互助社监督管理的意见

银监发〔2007〕90号　2007年12月21日

各银监局：

为加强对农村资金互助社的监督管理，有效防范金融风险，根据《中华人民共和国银行业监督管理法》、《关于调整放宽农村地区银行业金融机构准入政策更好支持社会主义新农村建设的若干意见》和《农村资金互助社管理暂行规定》及有关法律、法规和规章，现就农村资金互助社监管提出如下意见：

一、监督管理原则和目标

按照内部自律与外部监管、合规监管与风险监管、持续监管与审慎监管、灵活监管与指导服务相结合的原则，对农村资金互助社实施持续、动态的监督管理，促进农村资金互助社建立灵活有效的法人治理机制，健全内部控制，依法合规经营，有效防范和控制风险，更好地满足社员的金融服务需求，实现安全健康持续发展，切实做到自愿发起、自律管理、自主经营、自担风险，将农村资金互助社真正办成互助合作性质的新型社区农村金融组织。

二、监督管理方式

银行业监管机构应协调有关方面，建立以农村资金互助社自律管理、银行业监管机构监管、地方政府风险处置和社会监督服务相结合的监督管理体系。

现阶段在充分发挥农村资金互助社自律管理作用的同时，要强化银行业监管机构外部监管和地方政府审计监督和风险处置职责。随着农村资金互助社相关法律法规、监管制度的不断完善，要逐步过渡到以自律管理和社会监督为主的非审慎性监管。

三、监督管理措施

（一）科学规划和正确引导市场准入

1. 科学制定发展规划。银行业监管机构应根据当地经济金融发展环境、金融服务状况和监管资源配置情况，合理确定农村资金互助社发展规划和年度组建计划，重点解决经济落后、金融网点覆盖率低的农村地区金融服务不足问题。各省年度组建计划应在每年 1 月份报银监会备案。

2. 坚持互助合作原则。农村资金互助社是以社员为服务对象，办理存贷款等金融业务的互助合作性质的机构，银行业监管机构应监督农村资金互助社遵循“自愿、民主、互助、合作”的原则设立和运营。

3. 严格实施市场准入。要坚持市场准入标准和程序，防止片面追求机构数量的倾向；要积极对农民进行政策引导，防止行政干预和强迫命令；要鼓励农村资金互助社聘用大中专毕业生或引进有银行从业经验的高管人员和业务人员，适应经营管理的需要。

（二）加强内部自律监管

1. 建立有效的法人治理结构。银行业监管机构应督促农村资金互助社建立“简捷灵活、制衡有效”的法人治理结构。不设理事会的，要充分发挥社员（社员代表）大会决策职能和经理的法人代表作用。要设立由社员、提供无偿服务和捐赠的社会人士、业务合作伙伴代表等利益相关者组成的监事会，对理事会、经理的决策和业务经营行为进行监督，组织开展农村资金互助社的内部审计。

2. 建立内部控制制度。银行业监管机构应督促农村资金互助社建立简便易行且能有效覆盖全部业务、岗位的内部控制制度，明确存款、贷款、投资、融资、会计、出纳、结算等主要业务流程及操作规范，做到会计、出纳和贷款审查、审批的合理分离和有效制约。

3. 建立成员承诺制度。农村资金互助社是由社员自愿发起、自律管理、自主经营、自担风险的互助合作性质的机构，银行业监管机构应监督发起人和入股社员与农村资金互助社签订承诺协议，承诺自觉遵守章程、参与民主管理和承担相应的风险。

（三）强化资本约束和拨备监管

1. 确保资本充足率在任何时点均保持在8%以上。银行业监管机构应督促农村资金互助社根据资产变化情况和业务发展状况建立股金规划和资本补充机制，严禁吸收存款化股金，确保股金的稳定。要建立资本充足率监测预警制度，根据各机构实际，在8%之上（临近8%）设置预警线，当资本充足率接近预警线时，应及时进行预警，防止其降到8%以下。资本充足率低于8%时，应按《农村资金互助社管理暂行规定》及时采取分类监管措施。

2. 确保拨备充足率始终保持在100%以上。银行业监管机构应督促农村资金互助社建立以脱期法为基础的贷款分类和拨备制度。以贷款逾期情况按季进行分类，逾期一个月（含）以内的为正常类；逾期一个月到三个月（含）的为关注类；逾期三个月到两年（含）的为次级类；逾期两年以上的为可疑类；符合《财政部关于印发〈金融企业呆账核销管理办法〉的通知》（财金〔2005〕50号）规定认定为呆账的信贷资产，或借款人无力偿还贷款，预计贷款损失率超过90%的为损失类。银行业监管机构要督促农村资金互助社按关注类2%、次级类25%、可疑类50%、损失类100%的比例提取专项准备，并按有关规定在利润分配时提取一般准备。同时要参照《农村合作金融机构非信贷资产风险分类指引》（银监发〔2007〕29号）对非信贷资产进行分类并计提减值准备。对不按规定提足拨备的，应责令限期整改；整改不到位的，应停止办理部分或全部业务，直至采取停业整顿措施。

（四）建立非现场监测和监督检查机制

1. 加强日常监管。银监分局对农村资金互助社实行属地监管（设在省会城市农村地区的由银监局负责，下同）。银监分局根据辖内农村资金互助社设置情况，合理配备主监管员，具体负责对农村资金互助社的日常监管。主监管员要对农村资金互助社资本充足率、贷款损失准备充足率、大额贷款、不良贷款、投融资业务等进行持续监测，督促、指导农村资金互助社填报非现场监管报表并进行风险分析，每月至少对其信息披露和主要业务情况巡查一次，根据业务监测、报表分析和巡查情况，有效识别、度量、分析、判断被监管机构风险状况，及时进行风险提示，提出防范化解风险的措施与建议，督促限期整改。银监局负责制定农村资金互助社监管政策实施细则，汇总分析辖内农村资金互助社非现场监管信息，组织制订现场检查计划，指导银监分局开展非现场监管和现场检查工作，撰写辖内农村资金互助社年度综合监管报告，于次年2月底前上报银监会，同时抄报省级人民政府。

2. 实施现场检查。银行业监管机构应根据风险状况，有计划地对农村资金互助社实施专项或全面现场检查。必要时可招聘信誉好、资质高的社会中介机构实施现场检查。

3. 加强外部审计。银行业监管机构应提请省级人民政府（可授权县（市）政府）对农村资金互助社实施审计；为增强社会公信力，银行业监管机构可要求农村资金互助社聘用社会中介机构实施外部审计。

4. 开户银行监督。银行业监管机构应要求农村资金互助社只在一家银行业金融机构开立账户，并督促开户银行按账户管理规定对农村资金互助社账户资金往来进行监督，及时向属地监管机构报告农村资金互助社账户大额资金往来（大额标准由属地监管机构确定）和其他异常情况，同时向农村资金互助社提供业务辅导和培训服务。

5. 规范会计核算和报表。银行业监管机构根据监管的需要，可要求农村资金互助社采取外包方式委托社会中介机构编制财务会计核算软件；聘请社会中介机构帮助建立会计账册和编制会计报表、进行会计核算、填报监管报表等。

（五）充分披露经营管理信息

银行业监管机构应督促农村资金互助社建立信息披露制度，及时向社员公开各项经营管理制度，按月公开股金、贷款、融资、债券投资和财务收支情况；每年向社员披露经过监事会或政府审计部门、中介机构等审计的财务会计报告，开户行提供的账户资金情况证明，以及社员股金和积累情况、贷款及经营风险情况、投融资情况、盈利及分配情况、案件和其他重大事项，自觉接受社员的监督。

（六）严肃查处违法违规行为

银行业监管机构要通过非现场监管、现场检查、建立举报制度和外部监督员等形式，严格监督农村资金互助社按照《农村资金互助社管理暂行规定》

规范经营，对向非社员吸收存款和违反国家利率政策吸收存款，向非社员、超比例和违反国家有关政策发放贷款，违反规定条件融入资金，违规进行债券投资的，应责令限期整改并追究相关人员责任；整改不到位的，应停止办理部分或全部业务，直至采取停业整顿措施。

（七）有效实施风险管理和处置

1. 加强风险管理。银行业监管机构应督促农村资金互助社合理配置流动性资产，按支付规律确定备付金额度，防止流动性风险；督促其建立健全贷款制度，合理制定审查程序、操作规程，严格控制大额贷款，切实加强贷款质量管理，防止不良贷款的产生，有效防范信用风险；督促其严格执行银监会《关于加大防范操作风险工作力度的通知》和案件治理的有关规定，严防账外经营和携款潜逃等操作风险。

2. 有效处置风险。银行业监管机构要积极协助省级人民政府对农村资金互助社进行风险处置。一是协助省级人民政府研究制定农村资金互助社重大案件、突发事件和群体事件应急处置预案，并协助省级人民政府组织相关部门和县（市）政府妥善处理重大案件和风险事件；二是提请省级人民政府制定农村资金互助社支付风险处置预案，将农村资金互助社纳入地方金融救助体系，当发生支付风险时，提请省级人民政府采取有效措施实施救助；三是协助省级人民政府依法处置高风险农村资金互助社，当发生清偿性风险时，应按承诺协议落实每个社员的风险责任，并按照有关规定实施市场退出。

四、建立协调机制

银行业监管机构要提请当地政府建立以地方政府为主导的农村资金互助社监管协调机制，协助省级人民政府督促各有关方面切实履行职责，既要防止出现监管真空，又要防止监管过度，提高对农村资金互助社监督管理的有效性。

（一）加强政策协调

银行业监管机构应认真研究农村资金互助社准入政策和审慎监管规则，提请地方政府研究出台财政税收等各项扶持政策。对农村资金互助社经营中的困难和监管中发现的新情况、新问题，要提请地方政府协调有关方面及时解决，促进农村资金互助社的持续健康发展。

（二）加强工作协调

银行业监管机构应协调建立农村资金互助社监督管理的沟通机制，提请地方政府建立联席会议制度，定期研究、通报农村资金互助社监督管理和经营发展情况，实现信息共享。银行业监管机构现场检查和地方政府、中介机构的外部审计要协调进行，避免重复检查，造成监管资源浪费，增加农村资金互助社负担。

（三）加强风险处置协调

银行业监管机构要定期向地方政府通报农村资金互助社的风险状况，协助地方政府对农村资金互助社出现的重大风险进行处置，有效控制风险蔓延，维护社会稳定。

中国银监会、农业部、供销合作总社 关于引导规范开展农村信用合作的通知

银监发〔2014〕43号　2014年9月23日

各银监局，各省、自治区、直辖市、计划单列市、新疆生产建设兵团农业（农牧、农村经济）厅（委、办、局）、供销合作社：

近年来，随着我国农民合作社的发展和供销合作社改革推进，新型农村合作金融日趋活跃，对促进农业生产发展起到了一定作用。但由于经营不规范和监管不到位等原因，超范围吸储的非法集资、假借信用合作名义开展非法融资借贷、高息放贷引发的暴力催债、风险暴露引发的“跑路”等问题频繁发生，不仅损害了农民利益，也对农村经济社会发展带来不利影响，对农村信用环境造成严重破坏，影响了农村金融秩序和社会稳定。为引导规范农民合作社、供销合作社等有序发展新型农村合作金融，有效防范农村金融风险，现就有关事项通知如下：

一、切实加强监管引导

各地要按照中央关于完善地方农村金融管理体制，省级人民政府承担对新型农村合作金融组织的监管、引导、规范以及风险处置职责的相关要求，积极推动省级人民政府抓紧落实对新型农村合作金融的监管、引导和规范职责，提请省级人民政府尽快明确承担地方金融监管职责的具体职能机构，把新型农村合作金融组织风险防范和处置责任落实到位。要建立信息管理和实时监控系统，加强日常监管和风险排查，按照风险程度不同，对新型农村合作金融组织实行分类管理。要坚持试点先行，按照互助合作的基本原则，审慎推动农村信用合作发展；要切实加强管理，有效防范和处置风险；要建立

联合工作机制，加强部门间的协作和密切配合，切实维护区域金融安全和农村社会稳定，促进新型农村合作金融组织更好地为实体经济服务。

二、督促开展合规经营

各地要加强对农村信用合作的政策引导，督促农民合作社、供销合作社和其他农村合作经济组织严格按照相关要求和合作制的基本原则审慎合规经营。要坚持在管理民主、运行规范、带动力强的农民合作社和供销合作社基础上，培育发展农村合作金融。要坚持社员制、封闭性原则，在不对外吸储放贷、不支付固定回报的前提下，推动社区性农村资金互助组织发展。

各地要按照审慎稳妥原则，制定专门的制度规定。要明确成员参加、退出信用合作的条件和程序；规范成员筹集和借贷资金程序和手续，完整记载信用合作业务活动；加强合作资金管理，实行合作资金单独开户，与合作社分设会计账簿、独立核算。要按照合理适度原则，对参与合作的人数、地域、资金规模等从严管理，有效控制风险。指导做好资金发放的调查、审查等工作，保证借款及时足额收回。定期向成员公开披露信用合作的出资、借款及经营风险情况、财务会计报告和其他重大事项等。

三、深入组织摸底排查

各地要组织对辖内各类农村信用合作情况开展一次深入排查，全面摸清底数和经营中的突出问题。由承担地方金融监管职责的职能机构牵头负责，各有关部门配合，组织专门力量，采取上门走访、申报核查等多种形式，重点掌握开展资金合作过程中涉及的审批登记、成员构成、资金规模、管理办法、使用费率、收益分配、风险防范等方面情况，以及是否对成员以外主体放贷、设立类似银行的营业大厅或柜台、设立分支机构、聘请代办员、公开宣传等方面情况。在排查过程中，要严格界定成员身份，任何个人和企事业单位必须与农民合作社和供销合作社有实质性生产或流通经营关系、按章程规定出资并履行入社手续，才能认定为成员。

四、分类开展清理规范

在深入排查基础上，结合发现问题，采取措施进行分类清理规范。对不遵守信用合作基本原则，违规开展资金合作业务的，要坚决予以制止和纠正，已经发生的，要予以清理、整顿和规范，做到规范一批、整改一批、打击取缔一批。对制度不健全、运作不规范的，要责令限期整改；对违反信用合作基本要求，涉嫌非法集资的，要结合打击和处置非法集资工作进行清理整顿；对脱离主业开办资金业务，向非成员吸收存款，存在高息揽储、高利放贷等行为的，要终止其资金合作行为，取消其新型农村合作金融资质，做好有关债权债务清理工作，维护好农民利益。

五、严格把握政策界限

各地在清理规范过程中，要严格把握政策界限，区分不同情况采取相应的措施，消除隐患，化解风险。

（一）对脱离主业单纯开展资金合作业务，将合作资金用于非农业生产经营活动的，要限期整改。

（二）对向成员和非成员吸收存款，违背成员意愿强制入股、变相集资，常年大量吸收资金和事先设定收益率的，要立即终止；已经吸收的，要限期退还。

（三）对将合作资金发放给非成员使用的，要限期收回。

（四）对以吸收资金为目的，将与农民合作社、供销合作社无实质性生产经营关系的人员吸收为成员的，要予以清退，吸收的资金，要限期退还。

（五）对设立类似银行的营业网点、大厅或营业柜台、代办站、代办点的，要予以关闭；对设立类似银行的标牌、标识的，要予以清理。

（六）对通过广播、电视、互联网、广告牌、传单、短信或讲座、报告会等形式向不特定对象进行公开宣传或广告的，要予以清理和取缔。委托代办员、协理员等开展资金业务的，要进行清退。

（七）对违规对外进行风险性投资的，要限期收回。

六、严厉打击非法行为

各地要按照“省级人民政府负总责、行业主管监管部门一线把关”原则，严厉打击非法集资行为。对假借农民合作社、供销合作社名义开展非法集资违法活动的，坚决依法予以取缔，对涉嫌犯罪的，移交司法机关依法追究法律责任。健全非法集资风险监测预警机制，加强信息沟通，做到风险早发现、早报告、早预警、早处置。

七、积极构建长效机制

各地要以此次清理规范工作为契机，强化对本地区新型农村合作金融的管理，构建长效机制。要强化风险意识，高度重视违规开展农村信用合作存在的问题和隐患，同时切实防范清理规范和完善管理过程中可能产生的风险，做好风险监测、预警和处置，确保不发生系统性区域性风险。加强工作指导，帮助农民合作社和供销合作社健全规章制度，完善运行机制，强化财务管理。以示范社评定为抓手，发挥典型示范作用，提高合作社规范化建设水平。积极开展经营管理人员、财会人员的培训教育，突出财务管理与合作金融知识和实际操作培训，提高合法经营意识。

八、广泛开展政策宣传

各地要积极开展多种形式的金融知识宣传，结合防范打击非法集资宣传月和“送金融知识下乡”活动，主动送金融知识进村屯入社区，传送金融知识，提供政策咨询，增强农民群众的责任意识、法律意识和安全意识。持续推进信用户、信用村、信用乡镇、信用农民合作社建设。以报纸、广播电视、网络等媒体为窗口，广泛宣传非法集资的各种形式和危害。加大面向农民群众的宣传力度，让广大群众了解农民合作社和供销合作社的合法经营范围和开展非法集资的风险。

九、切实加强组织领导

新型农村合作金融工作政策性强，社会敏感度高，关系农民切身利益和农村社会稳定，各级有关部门要提高认识，统一思想，高度重视，在地方政府统一领导下，明确任务分工，确保工作顺利开展。各省、自治区、直辖市银行业监管机构、农业行政主管部门和供销合作社要及时将本通知精神向当地政府汇报，提请地方政府明确牵头部门，建立联合工作机制，研究制定引导规范的实施方案，明确引导规范的具体目标、措施和责任。有关部门要加强信息共享，及时掌握新型农村合作金融发展动态，加大工作推进力度。

中国人民银行、银保监会
证监会、财政部、农业农村部
关于金融服务乡村振兴的指导意见

2019 年 1 月 29 日

实施乡村振兴战略，是以习近平同志为核心的党中央作出的重大部署，是新时代做好“三农”工作的总抓手，是金融系统开展农村金融服务工作的根本遵循。按照《中共中央 国务院关于实施乡村振兴战略的意见》和《乡村振兴战略规划（2018—2022 年）》有关要求，现就做好金融服务乡村振兴工作提出如下意见：

一、总体要求、目标和原则

（一）总体要求

以习近平新时代中国特色社会主义思想为指导，紧紧围绕党的十九大关于实施乡村振兴战略的总体部署，按照产业兴旺、生态宜居、乡风文明、治理有效、生活富裕的总要求，坚持目标导向和问题导向相结合、市场运作和政策支持相结合，聚焦重点领域，深化改革创新，建立完善金融服务乡村振兴的市场体系、组织体系、产品体系，完善农村金融资源回流机制，把更多金融资源配置到农村重点领域和薄弱环节，更好满足乡村振兴多样化、多层次的金融需求，推动城乡融合发展。

（二）工作目标

到 2020 年，金融服务乡村振兴实现以下目标：

金融精准扶贫力度不断加大。2020 年以前，乡村振兴的重点就是脱贫攻坚。涉农银行业金融机构在贫困地区要优先满足精准扶贫信贷需求。新增金融资源要向深度贫困地区倾斜，深度贫困地区贷款增速力争每年高于所在省

（区、市）贷款平均增速，力争每年深度贫困地区扶贫再贷款占所在省（区、市）的比重高于上年同期水平。

金融支农资源不断增加。涉农银行业金融机构涉农贷款余额高于上年，农户贷款和新型农业经营主体贷款保持较快增速。债券、股票等资本市场服务“三农”水平持续提升。农业保险险种持续增加，覆盖面有效提升。

农村金融服务持续改善。基本实现乡镇金融机构网点全覆盖，数字普惠金融在农村得到有效普及。农村支付服务环境持续改善，银行卡助农取款服务实现可持续发展，移动支付等新兴支付方式在农村地区得到普及应用。农村信用体系建设持续推进，农户及新型农业经营主体的融资增信机制显著改善。

涉农金融机构公司治理和支农能力明显提升。涉农金融机构差别化定价能力不断增强，农村金融产品和服务创新加快推进，涉农贷款风险管理持续改进，确保涉农不良贷款水平稳定在可控范围，县域法人金融机构商业可持续性明显改善，金融服务乡村振兴能力和水平持续提升。

中长期目标，到 2035 年，基本建立多层次、广覆盖、可持续、适度竞争、有序创新、风险可控的现代农村金融体系，金融服务能力和水平显著提升，农业农村发展的金融需求得到有效满足；到 2050 年，现代农村金融组织体系、政策体系、产品体系全面建立，城乡金融资源配置合理有序，城乡金融服务均等化全面实现。

（三）基本原则

以市场化运作为导向。尊重市场规律，充分发挥市场机制在农村金融资源配置和定价中的决定性作用，通过运用低成本资金、增加增信措施等引导涉农贷款成本下行，推动金融机构建立收益覆盖成本的市场化服务模式，增强农村金融服务定价能力。

以机构改革为动力。持续深化全国政策性、商业性涉农金融机构改革，增强中长期信贷投放能力和差别化服务水平。规范县域法人金融机构公司治理，促进服务当地、支持城乡融合发展，增加农村金融资源有效供给。

以政策扶持为引导。加大货币政策支持力度，完善差异化监管，发挥财政资金对金融的引导和撬动作用。建立健全政府性融资担保和风险分担机制，发挥农业信贷担保体系和农业保险作用，弥补农业收益低风险高、信息不对称的短板，促进金融资源回流农村。

以防控风险为底线。金融机构要坚持信贷投放和风险防控两手抓，探索与服务乡村振兴相适应的资本补充渠道、合理回报机制和风险资本管理模式，提高法人治理水平，关注贷款质量，完善市场化风险处置机制，增强涉农业务风险防控能力，提高金融服务乡村振兴的可持续性。

二、坚持农村金融改革发展的正确方向，健全适合乡村振兴发展的金融服务组织体系

（四）鼓励开发性、政策性金融机构在业务范围内为乡村振兴提供中长期信贷支持。国家开发银行要按照开发性金融机构的定位，充分利用服务国家战略、市场运作、保本微利的优势，加大对乡村振兴的支持力度，培育农村经济增长动力。农业发展银行要坚持农业政策性银行职能定位，提高政治站位，在粮食安全、脱贫攻坚等重点领域和关键薄弱环节发挥主力和骨干作用。

（五）加大商业银行对乡村振兴支持力度。中国农业银行要强化面向“三农”、服务城乡的战略定位，进一步改革完善“三农”金融事业部体制机制，确保县域贷款增速持续高于全行平均水平，积极实施互联网金融服务“三农”工程，着力提高农村金融服务覆盖面和信贷渗透率。中国邮政储蓄银行要发挥好网点网络优势、资金优势和丰富的小额贷款专营经验，坚持零售商业银行的战略定位，以小额贷款、零售金融服务为抓手，突出做好乡村振兴领域中农户、新型经营主体、中小企业、建档立卡贫困户等小微普惠领域的金融服务，完善“三农”金融事业部运行机制，加大对县域地区的信贷投放，逐步提高县域存贷比并保持在合理范围内。股份制商业银行和城市商业银行要结合自身职能定位和业务优势，突出重点支持领域，围绕提升基础金融服务覆盖面、推动城乡资金融通等乡村振兴的重要环节，积极创新金融产品和服务方式，打造综合化特色化乡村振兴金融服务体系。

（六）强化农村中小金融机构支农主力军作用。农村信用社、农村商业银行、农村合作银行要坚持服务县域、支农支小的市场定位，保持县域农村金融机构法人地位和数量总体稳定。积极探索农村信用社省联社改革路径，理顺农村信用社管理体制，明确并强化农村信用社的独立法人地位，完善公司治理机制，保障股东权利，提高县域农村金融机构经营的独立性和规范化水平，淡化农村信用社省联社在人事、财务、业务等方面的行政管理职能，突出专业化服务功能。村镇银行要强化支农支小战略定力，向乡镇延伸服务触角。县域法人金融机构资金投放使用应以涉农业务为主，不得片面追求高收益。要把防控涉农贷款风险放在更加重要的位置，提高风险管控能力。积极发挥小额贷款公司等其他机构服务乡村振兴的有益补充作用，探索新型农村合作金融发展的有效途径，稳妥开展农民合作社内部信用合作试点。

三、明确金融重点支持领域，加大金融资源向乡村振兴重点领域和薄弱环节的倾斜力度

（七）不断加大金融精准扶贫力度，助力打赢脱贫攻坚战。加大对建档立卡贫困户的扶持力度，用好用足扶贫小额信贷、农户小额信用贷款、创业担保贷款、助学贷款、康复扶贫贷款等优惠政策，满足建档立卡贫困户生产、创业、就业、就学等合理贷款需求。推动金融扶贫和产业扶贫融合发展，按照穿透式原则，建立金融支持与企业带动贫困户脱贫的挂钩机制。

（八）围绕藏粮于地、藏粮于技，做好国家粮食安全金融服务。以国家确定的粮食生产功能区、重要农产品生产保护区和特色农产品优势区为重点，创新投融资模式，加大对高标准农田建设和农村土地整治的信贷支持力度，推进农业科技与资本有效对接，持续增加对现代种业提升、农业科技创新和成果转化的投入。结合粮食收储制度及价格形成机制的市场化改革，支持农业发展银行做好政策性粮食收储工作，探索支持多元市场主体进行市场化粮食收购的有效模式。

（九）聚焦产业兴旺，推动农村一二三产业融合发展。积极满足农田水利、农业科技研发、高端农机装备制造、农产品加工业、智慧农业产品技术研发推广、农产品冷链仓储物流及烘干等现代农业重点领域的合理融资需求，促进发展节水农业、高效农业、智慧农业、绿色农业。支持农业产业化龙头企业及联合体发展，延伸农业产业链，提高农产品附加值。充分发掘地区特色资源，支持探索农业与旅游、养老、健康等产业融合发展的有效模式，推动休闲农业、乡村旅游、特色民宿和农村康养等产业发展。加大对现代农业产业园、农业产业强镇等的金融支持力度，推动产村融合、产城融合发展。

（十）重点做好新型农业经营主体和小农户的金融服务，有效满足其经营发展的资金需求。针对不同主体的特点，建立分层分类的农业经营主体金融支持体系。鼓励家庭农场、农民合作社、农业社会化服务组织、龙头企业等新型农业经营主体通过土地流转、土地入股、生产性托管服务等多种形式实现规模经营，探索完善对各类新型农业经营主体的风险管理模式，增强金融资源承载力。鼓励发展农业供应链金融，将小农户纳入现代农业生产体系，强化利益联结机制，依托核心企业提高小农户和新型农业经营主体融资可得性。支持农业生产性服务业发展，推动实现农业节本增效。

（十一）做好农村产权制度改革金融服务，发展壮大农村集体经济。配合农村土地制度改革和农村集体产权制度改革部署，加快推动确权登记颁证、价值评估、交易流转、处置变现等配套机制建设，积极稳妥推广农村承包土地的经营权抵押贷款业务，结合宅基地“三权分置”改革试点进展稳妥开展农民住房财产权抵押贷款业务，推动集体经营性建设用地使用权、集体资产股份等依法合规予以抵押，促进农村土地资产和金融资源的有机衔接。结合农村集体经济组织登记赋码工作进展，加大对具有独立法人地位、集体资产清晰、现金流稳定的集体经济组织的金融支持力度。

四、强化金融产品和服务方式创新，更好满足乡村振兴多样化融资需求

（十二）积极拓宽农业农村抵质押物范围。推动厂房和大型农机具抵押、圈舍和活体畜禽抵押、动产质押、仓单和应收账款质押、农业保单融资等信贷业务，依法合规推动形成全方位、多元化的农村资产抵质押融资模式。积极稳妥开展林权抵押贷款，探索创新抵押贷款模式。鼓励企业和农户通过融资租赁业务，解决农业大型机械、生产设备、加工设备购置更新资金不足问题。

（十三）创新金融机构内部信贷管理机制。各涉农银行业金融机构要单独制定涉农信贷年度目标任务，并在经济资本配置、内部资金转移定价、费用安排等方面给予一定倾斜。完善涉农业务部门和县域支行的差异化考核机制，落实涉农信贷业务的薪酬激励和尽职免责。适当下放信贷审批权限，推动分支机构尤其是县域存贷比偏低的分支机构，加大涉农信贷投放。在商业可持续的基础上简化贷款审批流程，合理确定贷款的额度、利率和期限，鼓励开展与农业生产经营周期相匹配的流动资金贷款和中长期贷款等业务。

（十四）推动新技术在农村金融领域的应用推广。规范互联网金融在农村地区的发展，积极运用大数据、区块链等技术，提高涉农信贷风险的识别、监控、预警和处置水平。加强涉农信贷数据的积累和共享，通过客户信息整合和筛选，创新农村经营主体信用评价模式，在有效做好风险防范的前提下，逐步提升发放信用贷款的比重。鼓励金融机构开发针对农村电商的专属贷款产品和小额支付结算功能，打通农村电商资金链条。

（十五）完善“三农”绿色金融产品和服务体系。完善绿色信贷体系，鼓励银行业金融机构加快创新“三农”绿色金融产品和服务，通过发行绿色金融债券等方式，筹集资金用于支持污染防治、清洁能源、节水、生态保护、绿色农业等绿色领域，助力打好污染防治攻坚战。加强绿色债券后续监督管理，确保资金专款专用。

五、建立健全多渠道资金供给体系，拓宽乡村振兴融资来源

（十六）加大多层次资本市场的支持力度。支持符合条件的涉农企业在主板、中小板、创业板以及新三板等上市和挂牌融资，规范发展区域性股权市场。加强再融资监管，规范涉农上市公司募集资金投向，避免资金“脱实向虚”。鼓励中介机构适当降低针对涉农企业上市和再融资的中介费用。在门槛不降低的前提下，继续对国家级贫困地区的企业首次公开募股（IPO）、新三板挂牌、公司债发行、并购重组开辟绿色通道。健全风险投资引导机制，积极引导风险资金投早投小，加大对初创期涉农企业的支持力度。鼓励有条件的地区发起设立乡村振兴投资基金，推动农业产业整合和转型升级。

（十七）创新债券市场融资工具和产品。鼓励地方政府发行一般债券，用于农村人居环境整治、高标准农田建设等领域。支持地方政府根据乡村振兴项目资金需求，试点发行项目融资和收益自平衡的专项债券。鼓励商业银行发行“三农”专项金融债券，募集资金用于支持符合条件的乡村振兴项目建设。加大对非金融企业债务融资工具的宣传力度，支持对优质涉农企业开辟注册发行绿色通道，在满足信息披露要求的前提下简化注册发行流程。

（十八）发挥期货市场价格发现和风险分散功能。加快推动农产品期货品种开发上市，创新推出大宗畜产品、经济作物等期货交易，丰富农产品期货品种。积极运用期货价格信息引导农业经营者优化种植结构，完善农产品期货交易、交割规则。创新农产品期权品种，改进白糖、豆粕期权规则，加快推进并择机推出玉米、棉花等期权合约，丰富农业风险管理手段。稳步扩大“保险+期货”试点，探索“订单农业+保险+期货（权）”试点，探索建立农业补贴、涉农信贷、农产品期货（权）和农业保险联动机制，形成金融支农综合体系。

（十九）持续提高农业保险的保障水平。科学确定农业保险保费补贴机制，鼓励有条件的地方政府结合财力加大财政补贴力度，拓宽财政补贴险种，合理确定农业经营主体承担的保费水平。探索开展地方特色农产品保险以奖代补政策试点。落实农业保险大灾风险准备金制度，组建中国农业再保险公司，完善农业再保险体系。逐步扩大农业大灾保险、完全成本保险和收入保险试点范围。引导保险机构到农村地区设立基层服务网点，下沉服务重心，实现西藏自治区保险机构地市级全覆盖，其他省份保险机构县级全覆盖。

六、加强金融基础设施建设，营造良好的农村金融生态环境

（二十）在可持续的前提下全面提升农村地区支付服务水平。大力推动移动支付等新兴支付方式的普及应用，鼓励和支持各类支付服务主体到农村地区开展业务，积极引导移动支付便民工程全面向乡村延伸，推广符合农村农业农民需要的移动支付等新型支付产品。推动银行卡助农取款服务规范可持续发展，鼓励支持助农取款服务与信息进村入户、农村电商、城乡社会保障等合作共建，提升服务点网络价值。推动支付结算服务从服务农民生活向服务农业生产、农村生态有效延伸，不断优化银行账户服务，加强风险防范，持续开展宣传，促进农村支付服务环境建设可持续发展。

（二十一）加快推进农村信用体系建设。按照政府主导、人民银行牵头、各方参与、服务社会的整体思路，全面开展信用乡镇、信用村、信用户创建活动，发挥信用信息服务农村经济主体融资功能。强化部门间信息互联互通，推行守信联合激励和失信联合惩戒机制，不断提高农村地区各类经济主体的信用意识，优化农村金融生态环境。稳步推进农户、家庭农场、农民合作社、农业社会化服务组织、农村企业等经济主体电子信用档案建设，多渠道整合社会信用信息，完善信用评价与共享机制，促进农村地区信息、信用、信贷联动。

（二十二）强化农村地区金融消费权益保护。深入开展“金惠工程”“金融知识普及月”等金融知识普及活动，实现农村地区金融宣传教育全覆盖。加大金融消费权益保护宣传力度，增强农村金融消费者的风险意识和识别违法违规金融活动的能力。规范金融机构业务行为，加强信息披露和风险提示，畅通消费者投诉的处理渠道，构建农村地区良好的金融生态环境。

七、完善政策保障体系，强化政策激励和约束

（二十三）加大货币政策支持力度。发挥好差别化存款准备金工具的正向激励作用，引导金融机构加强对乡村振兴的金融支持。加大再贷款、再贴现支持力度。根据乡村振兴金融需求合理确定再贷款的期限、额度和发放时间，提高资金使用效率。加强再贷款台账管理和效果评估，确保支农再贷款资金全部用于发放涉农贷款，再贷款优惠利率政策有效传导至涉农经济实体。

（二十四）更好发挥财政支持撬动作用。更好地发挥县域金融机构涉农贷款增量奖励等政策的激励作用，引导县域金融机构将吸收的存款主要投放当地。健全农业信贷担保体系，推动农业信贷担保服务网络向市县延伸，扩大在保贷款余额和在保项目数量。充分发挥国家融资担保基金作用，引导更多金融资源支持乡村振兴。落实金融机构向农户、小微企业及个体工商户发放小额贷款取得的利息收入免征增值税政策。鼓励地方政府通过财政补贴等措施支持农村地区尤其是贫困地区支付服务环境建设，引导更多支付结算主体、人员、机具等资源投向农村贫困地区。

（二十五）完善差异化监管体系。适当放宽“三农”专项金融债券的发行条件，取消“最近两年涉农贷款年度增速高于全部贷款平均增速或增量高于上年同期水平”的要求。适度提高涉农贷款不良容忍度，涉农贷款不良率高出自身各项贷款不良率年度目标2个百分点（含）以内的，可不作为银行业金融机构内部考核评价的扣分因素。

（二十六）推动完善农村金融改革试点相关法律和规章制度。配合乡村振兴相关法律法规的研究制定，研究推动农村金融立法工作，强化农村金融法律保障。结合农村承包土地的经营权和农民住房财产权抵押贷款试点经验，推动修改完善农村土地承包法等法律法规，使农村承包土地的经营权和农民住房财产权抵押贷款业务有法可依。

八、加强组织领导，有效推动政策落实

（二十七）强化党对农村金融工作的领导。全面做好金融服务乡村振兴工作，要以习近平总书记关于“三农”工作、乡村振兴工作的重要论述为指导，切实加强党对农村金融工作的领导。各金融机构要切实加强组织领导，由总行（总部）一把手直接抓乡村振兴，各级分支机构一把手切实承担起政策落实的第一责任，为农村金融发展提供坚强组织保障。

（二十八）开展金融机构服务乡村振兴考核评估。根据乡村振兴战略目标，加强乡村振兴领域贷款监测，在完善新型农业经营主体认定标准的基础上，探索建立家庭农场、农民合作社等新型农业经营主体贷款统计，及时动态跟踪金融机构服务乡村振兴的工作进展。建立金融机构服务乡村振兴考核评估制度，从定性指标和定量指标两大方面对金融机构进行评估，定期通报评估结果，并作为实施货币政策、金融市场业务准入、开展宏观审慎评估、差别化监管、财政支持等工作的重要参考依据。

（二十九）抓好推进落实和经验宣传。人民银行分支机构要会同银行保险监管、证券监管、财政、农业农村等部门，根据本意见细化辖区服务乡村振兴的目标任务和部门分工，扎实推进各项工作举措落地见效。鼓励具备条件的地区，加大农村金融改革力度，依照程序建设金融服务乡村振兴试验区，开展先行先试，加强典型经验宣传推广，确保政策惠及乡村振兴重点领域。

中华全国供销合作总社关于规范发展供销合作社金融服务的指导意见

供销金字〔2018〕51号　2018年12月31日

各省、自治区、直辖市及计划单列市、新疆生产建设兵团供销合作社：

为深入贯彻落实《中共中央国务院关于深化供销合作社综合改革的决定》（中发〔2015〕11号，以下简称中发11号文件）精神，进一步深化供销合作社综合改革，防范金融风险，促进系统金融服务规范发展，根据党和国家对金融工作的总体要求及系统实际，提出以下意见。

一、充分认识规范发展金融服务的重要意义

近年来，各地供销合作社认真贯彻中发11号文件精神，积极与各类金融机构合作，开展信用合作、融资担保、保险代理等金融服务，在打通金融惠农"最后一公里"，助推农业农村经济发展、农民增收致富、精准脱贫等方面发挥了积极作用。但也要清醒地认识到，供销合作社金融服务处于起步阶段，还面临着制度建设滞后、经营管理粗放、地区间发展不平衡、服务功能整体偏弱、有效监管缺失等问题，特别是一些地方信用合作组织设立登记不规范、内部管理制度不完善、风险管控机制不健全、监管不到位等问题突出，存在较大风险隐患，亟需加强规范引导。

规范发展供销合作社金融服务、防范金融风险，是深化供销合作社综合改革，推进生产、供销、信用三位一体综合合作，提高为农服务能力和实力的需要，是破解农村金融服务有效供给不足、促进乡村振兴的需要，是打好"三大攻坚战"、维护国家金融安全、实现长治久安的需要。各级供销合作社要切实提高政治站位，进一步增强对金融安全稳定重要性的认识，把主动防范化解金融风险放在更加重要的位置，及时有效识别和化解风险，推动供销合作社金融服务规范、有序发展。

二、指导思想和总体原则

（一）指导思想。深入贯彻习近平新时代中国特色社会主义思想和党的十九大精神，认真落实中发 11 号文件、《中共中央国务院关于实施乡村振兴战略的意见》和全国金融工作会议精神，遵守国家有关法律法规，坚持稳中求进工作总基调，强化风险防控意识，以提升为农服务能力为根本宗旨，以服务农村实体经济为出发点和落脚点，正确处理规范与发展的关系，严守不发生系统性金融风险的底线，努力探索构建适应“三农”发展需要，整体运转协调、风险可控的供销合作社农村金融服务体系。

（二）总体原则

——坚持依法合规。供销合作社金融服务要在国家法律法规和政策允许的范围内，按照政府监管部门的要求合规发展。

——坚持稳中求进。供销合作社开展金融服务必须把防范风险放在首要位置，稳字当头，遵循金融发展规律，审慎管理，稳步推动各项业务在高标准严要求下规范、稳步发展。

——坚持服务实体。为实体经济服务是金融的天职。供销合作社开展金融服务必须以服务农村实体经济为导向，把服务实体经济的成效作为衡量工作的根本标准，聚焦支持“三农”发展。

——坚持分类指导。各地各级供销合作社在遵守国家相关法律法规的前提下，因地制宜探索不同形式的金融服务，有针对性地采取风险防控和发展指导措施，不搞“一刀切”。

三、防范风险，规范先行，筑牢发展基础

供销合作社系统要把风险防控放到更加重要的位置，开展以“防控风险、清理整改、规范发展”为主要内容的常态化风险防控，促进金融服务规范发展。

（三）防控风险，建立内外结合的风险防范机制。政府金融监管部门是供销合作社开展金融服务的监管主体。各级供销合作社要积极配合有关部门做好金融监管工作，同时加快构建供销合作社系统内部监督体系。要明确专门机构并综合运用统计、审计、监察等手段，充分利用互联网信息技术，建立风险排查机制，定期对金融服务组织和金融服务业务的风险情况进行摸底排查，对中小型金融机构的资本充足率、不良率、逾期率等安全性指标进行重点关注，列出问题清单，实行台账管理，有针对性地进行督导管控。要指导金融服务机构按照审慎性原则，完善风险识别、评估、化解、处置和责任追究措施，逐步形成“政府部门监管、供销系统监督、经营机构内控”的风险管理格局。

（四）清理整改，建立违法违规金融服务退出机制。对与供销合作社无实质产权关系而挂靠、使用、冒用供销合作社名义进行金融活动的单位要全面排查，采取果断措施，限时清理，并公告社会。对供销合作社没有实际掌控力的 P2P 平台，严格禁止使用供销合作社名义开展业务。对无政府部门批准、无监管部门监管、突破批准范围违规经营的金融机构和业务，要限期整改。资金互助组织突破社员制、封闭性，冒用银行名义经营，违规高息揽储、高息放贷，将资金大量投向非农产业甚至国家限制性行业领域，以及业务缺少实体依托、背离发展初衷、“垒大户”等问题要及时整改，逐步消化、稀释风险，对整改后仍达不到要求的要设立退出机制。信用合作规模过大、风险比较集中的地区要采取更加有力的措施，限期把规模和风险降到可控范围内。

（五）规范发展，建立健全金融服务稳健运营机制。供销合作社开展金融服务要按照国家有关准入条件和监管要求，取得有关部门的批准，并在金融监管部门监管下合规开展。要加强制度建设，建立健全审贷决策机制、信息披露制度、风险准备金制度、动态监测制度、抵押担保制度、风险事项报告及应急处理制度，促进业务规范可持续发展。开展信用合作的经济组织要按照“社员制、封闭性、不对外吸储放贷、不支付固定回报”的规定，坚持“小额、短期、分散”原则，规范社员身份、出资额度、资金用途等，细化工作流程，强化责任追究，依法合规开展业务。

四、发挥优势，拓展深度，分类推进金融服务

各地供销合作社要结合实际，探索开展多种形式的金融服务，提高服务的深度和广度，提升金融服务能力和质量。

（六）积极承接各类金融机构的普惠金融服务。充分发挥供销合作社网点多、渠道广、体系健全的优势，加快与金融机构对接合作，推进中华全国供销合作总社（以下简称总社）与农业银行、建设银行、农业发展银行、国家开发银行、中国人民财产保险公司等机构战略协议的贯彻落实。加强对新型农业经营主体、农民合作经济组织、农户基本信息和交易数据的收集、整理和运用，构建“大数据”信息平台，参与社会征信体系建设。积极承接政策性银行、商业银行、农村中小型银行的金融服务，加强与大型担保机构、保险机构合作，打造金融服务资源下乡进村的综合平台。

（七）积极参与组建农村中小型金融机构。按照国家有关政策要求，积极稳妥参与设立各类农村中小型金融机构，推动金融业务回归本源。有条件的地方，积极参与组建农村商业银行和村镇银行。因地制宜组建小额贷款公司、保理公司和供应链金融公司等，开展面向供销合作社企业、新型农业经营主体和农户的贷款和票据贴现等融资服务。积极发起或参与设立融资性担保公司，为供销合作社企业、新型农业经营主体提供增信服务。

（八）稳步发展农村信用合作。在金融监管部门的监管和指导下，稳步探索开展农村信用合作。尚未开展信用合作的地区，力求高起点规范发展；有一定基础的地区要在整顿规范的基础上，有计划、有步骤地稳步推进；规范发展基础较好、有条件的地方，在金融监管部门指导下，以合作社联合社等形式，进行更高层次开展资金调剂和风险防范等方面的探索。加快推进生产、供销、信用“三位一体”综合合作，将金融要素融入农业生产经营全产业链、各个环节，有效发挥合作金融的黏合助推作用。

（九）做实合作发展基金。各级供销合作社联合社要结合实际认真贯彻落实中发 11 号文件精神，加快设立合作发展基金，按照《供销合作社合作发展基金管理暂行办法》规范设立、运行和管理。合作发展基金既可采取以市场化方式运作的股权投资基金形式，也可采取依据合作制原则使用的发展基金形式运作，主要用于供销合作社基层组织和为农服务项目建设、龙头企业培育、产业发展等方面，提升供销合作社为农服务能力。加强系统内合作发展基金的合作，共同培育产业带动力强、社会影响大、经济效益好的项目，促进系统上下贯通、联合合作。

（十）积极拓展农村保险业务。按照国家有关行业自保的政策法规，继续开展系统安全统筹工作，探索“自保+再保”业务，分散风险。在安全统筹的基础上，发展农业互助保险。鼓励有条件的供销合作社参与发起设立保险机构。各级供销合作社要整合资源，加强与各类保险机构合作，大力开展涉农保险代理服务，为农民提供农业、财产、人寿等各类保险服务，为农民生产生活提供保险保障。

五、加强组织，落实责任，形成推动金融服务规范发展的合力

（十一）加强组织领导。各级供销合作社把规范发展金融服务作为深化供销合作社综合改革的具体任务来抓，进一步提高思想认识，强化组织领导，狠抓任务落实，切实做到发展有目标、推进有措施、督查有机制、防控风险有手段、金融服务有成效。

（十二）强化责任落实。各级供销合作社负责本区域内金融服务规范发展工作，切实履行对所办金融组织的管理职责，当好政府监管部门的助手，配合做好风险防范工作。供销合作社要设立或明确专门机构，配备专业人员，对区域内金融服务工作承担指导、协调、监督和服务职责。要在金融监管部门指导下，因地制宜探索发展符合当地实际的金融服务模式，建立健全行业自律体系。县级供销合作社按照上级部署承接各类金融服务资源，规范发展信用合作，切实履行好现场检查和日常监管职责。

（十三）加强政策协调。按照各地对新型农村合作金融组织的监管、引导、规范以及风险处置职责的相关要求，争取当地政府有关部门落实监督责任。积极与政府相关部门协调解决供销合作社金融服务开展中遇到的准入、设立、登记等问题，为金融服务规范发展创造良好环境。

（十四）加强人才队伍建设。有针对性地开展分层次、分区域、分业务类型的金融培训工作；积极培养引进一批熟悉供销合作社情况、认同合作发展理念、精通金融业务的专业人才，为供销合作社金融服务规范发展积蓄力量。

（十五）加强基础工作。各级供销合作社要分类做细、做实金融服务的统计、考核、研究、信息化建设等基础工作，加强信息交流、及时总结典型经验，为业务规范发展奠定基础。

中华全国供销合作总社
关于印发《供销合作社合作发展基金管理暂行办法》的通知

供销金字〔2018〕26 号　2018 年 9 月 20 日

各省、自治区、直辖市及计划单列市、新疆生产建设兵团供销合作社：

为贯彻落实中发〔2015〕11 号文件精神，规范供销合作社合作发展基金的设立、运行和管理，促进系统联合合作，提升供销合作社为农服务能力，我们研究制定了《供销合作社合作发展基金管理暂行办法》，现印发给你们，请遵照执行。

附：

供销合作社合作发展基金管理暂行办法

第一章　总　则

第一条　为贯彻落实《中共中央国务院关于深化供销合作社综合改革的决定》（中发〔2015〕11 号）的要求，促进供销合作社系统联合合作，规范供销合作社合作发展基金（以下简称合作发展基金）的设立、运行和管理，根据《中华全国供销合作总社章程》等规定，制定本办法。

第二条　本办法所称供销合作社合作发展基金是指以各级供销合作社出资为基础联合财政资金、社会资本等设立，主要用于推动供销合作社改革发展、服务乡村振兴战略的资金集合，既包括以市场化方式运作的股权投资基金，也包括依据合作制原则使用的发展基金。

第三条 本办法适用于中华全国供销合作总社（以下简称总社）以及省、市地、县级供销合作社设立的合作发展基金。

第四条 合作发展基金坚持联合合作、资源整合、因地制宜、市场化与公益性相结合、可持续发展原则。

第五条 设立合作发展基金的供销合作社要明确相应的职能机构负责本级合作发展基金的管理监督。

第二章 设 立

第六条 各级供销合作社联合社根据发展需要，结合实际设立合作发展基金。

第七条 设立合作发展基金应制定章程或协议，明确约定设立基金的目标、使用方向、出资方案、决策机制、管理机制、各方权利责任、收益分配、风险防范和处置等事项。

第八条 合作发展基金资金来源包括：

（一）供销合作社社有资本收益；

（二）系统供销合作发展基金等资金；

（三）财政资金；

（四）社会资本或捐赠资金；

（五）其他资金。

第九条 各级供销合作社联合社当年社有资本收益按一定比例注入本级合作发展基金。下级供销合作社在自愿基础上，可将本级设立的合作发展基金的一部分投入上级供销合作社设立的合作发展基金。

第三章 使 用

第十条 合作发展基金主要用于供销合作社基层组织和为农服务项目建设、龙头企业培育、产业发展等方面，促进系统上下贯通、联合合作，提升供销合作社为农服务能力。

第十一条 合作发展基金使用方式包括投资、借款、融资担保、补助等。

在中国证券投资基金业协会备案的合作发展基金的资金使用方式按照国家有关法律法规规定执行。

第十二条 投资是指以获得收益为目的将部分合作发展基金投入到项目的行为，包括直接投资、参与或发起设立主要用于支持系统发展的政府投资基金、产业投资基金等，投资方式包括股权投资、并购重组、参与优质企业上市首发（IPO）和定向增发等。

政府投资基金、产业投资基金的募资、投资、投后管理、退出等按照相关法律法规通过市场化形式运作。

合作发展基金可确定一定比例投向社会投资回报较高的项目。合作发展基金投资收益主要用于充实基金、反哺供销合作社为农服务活动。

上级供销合作社合作发展基金可投入到下级合作发展基金。

第十三条 借款是指依据国家法律法规，经有关部门批准或通过具有相关资质的金融机构向系统项目单位提供借款的行为。借款应按期归还。

第十四条 融资担保是指为项目单位提供债务担保的行为。融资担保应通过系统内出资设立的融资担保公司运作，或通过国家农业信贷担保联盟所属政策性担保公司运作。

第十五条 补助是指对系统内遭受自然灾害损失特别严重、开展工作特别困难或工作成效特别突出的单位进行补贴资助的行为。补助主要使用合作发展基金投资收益和相关可用于系统补助的财政性资金。

第十六条 经供销合作社联合社理事会批准，本级合作发展基金的使用也可采用其他方式。

第十七条 合作发展基金不得从事以下业务：

（一）投资二级市场股票、期货、房地产、证券投资基金、评级 AAA 以下的企业债、信托产品、保险计划及其他金融衍生品；

（二）向系统外提供赞助、捐赠（经批准的公益性捐赠除外）；

（三）吸收或变相吸收存款；

（四）进行承担无限连带责任的对外投资；

（五）国家法律法规禁止从事的其他业务。

第十八条 合作发展基金委托专业机构管理发生的管理费或项目评审费

用以及委托第三方机构开展借款、融资担保等费用，可从合作发展基金列支，费用总额原则上不得超过合作发展基金资金规模或投入该项目资金总额的2%。

第十九条 合作发展基金不同使用方式的具体使用程序、方法等，由合作发展基金发起方结合实际明确。

第四章 终止和退出

第二十条 下列情况之一发生的，合作发展基金可以终止：

（一）基金章程或协议约定终止情况发生的；

（二）基金设立目的已达成的；

（三）设立基金的供销合作社联合社管理体制、机构等发生重大变化的；

（四）国家法律法规要求终止的；

（五）其他不可抗力情况发生导致基金无法存续的。

第二十一条 基金存续期间，各出资方可按章程或协议约定的退出方式退出。基金终止后，出资各方自动退出。

第二十二条 基金终止后，合作发展基金应当在出资人监督下组织清算，出资人按章程或协议约定分配清算收益。

第五章 监督管理

第二十三条 合作发展基金实行分级管理。总社制定合作发展基金管理办法，指导系统合作发展基金的设立和运作。省、市地、县级供销合作社结合实际制定相应的管理办法，规范本区域内合作发展基金的设立、运作和监督管理工作。

第二十四条 合作发展基金应按章程或协议规范运作，确保出资成员权责明确，公开透明、规范高效，实现预期目标。

第二十五条 合作发展基金的资金应设专户，由各级联合社理事会自行管理或委托有资质的专业机构管理。

第二十六条 合作发展基金管理部门应建立合作发展基金绩效评价制度，定期对合作发展基金运营情况、政策目标实现程度等开展评价，加强绩效评价结果运用，并将评价结果适当予以公布。

第二十七条 各级供销合作社联合社要完善监管制度，综合运用财务、审计、监察等手段加强监督，防范风险，提高基金使用效益。

第二十八条 对于监管中发现的违规违纪问题，一经核实，移交纪检监察机关，依纪依规进行查处。涉嫌犯罪的，移送司法机关追究刑事责任。

第六章 附 则

第二十九条 本办法由中华全国供销合作总社负责解释。

第三十条 本办法自2018年9月起施行。

《供销合作社合作发展基金管理暂行办法》解读

为贯彻落实中发〔2015〕11号文件精神，规范系统合作发展基金的设立、运行和管理，我们研究制定了《供销合作社合作发展基金管理暂行办法》（以下简称《办法》），现将有关情况解释说明如下：

一、制定《办法》的背景

《中共中央国务院关于深化供销合作社综合改革的决定》（中发〔2015〕11号）提出“做实供销合作社合作发展基金，……抓紧制定合作发展基金运行和管理办法”，对设立供销合作社合作发展基金、制定合作发展基金运行和管理办法提出了明确要求。文件下发后，系统上下进行了多方探索实践，设立了多种形态的合作发展基金，在促进系统联合合作、加强基层建设、提升为农服务能力等方面发挥了较好作用；同时这些基金形式不同、做法各异、要求不一，在具体运作过程中也遇到了不同的问题，客观上需要适时从制度层面进行规范指导，为促进系统合作发展基金的健康发展提供基本遵循。

二、《办法》的依据

该《办法》主要依据包括《证券投资基金法》、发改委《政府出资产业投资基金管理暂行办法》（发改财金规〔2016〕2800号）、财政部《政府投资基金暂行管理办法》（财预〔2015〕210号）、证监会《私募投资基金监督管理暂行办法》（证监会令第105号）和总社章程等，同时参考了《供销合作社基层组织发展专项资金使用管理暂行办法》（供销合字〔2013〕55号），以及部分省级供销社的合作发展基金管理办法。

三、《办法》的定位

鉴于目前全系统合作发展基金还处于试点探索阶段，有些重要问题需要在实践中逐步明确，在全系统范围内制定一个标准统一、可操作性强、约束力大的管理办法的条件尚不具备，也会束缚发展的手脚。现阶段更适宜制定一个能普遍覆盖、兼容各类基金、更偏向原则性和指导性的管理办法，为系统开展合作发展基金工作提供基本遵循。《办法》是暂行，印发后将依据在实践中遇到的问题，逐步修改完善。各地可根据自身实际情况，在《办法》指导下选择与各自发展情况相适应的基金模式，依据相关法律法规并通过章程或协议具体规范基金的运作。

四、合作发展基金运行的原则

合作发展基金应坚持联合合作、资源整合、因地制宜、市场化与公益性相结合、可持续发展原则。

五、合作发展基金的概念

合作发展基金是指以各级供销合作社出资为基础，联合财政资金、社会资本等共同设立，主要用于推动供销合作社改革发展、服务乡村振兴战略的资金集合，不单指在中国证券投资基金业协会备案的股权投资基金，也包括按合作制原则使用的公益性专项发展基金。

六、合作发展基金的使用方式

合作发展基金的使用方式包括投资、借款、融资担保、补助等，在中国证券投资基金业协会备案的合作发展基金的资金使用方式按照国家有关法律法规规定执行。各种方式的具体使用程序、方法等由基金发起方在法律法规允许的范围内结合实际予以明确。

七、合作发展基金的管理

合作发展基金实行分级管理、分级负责。总社制定合作发展基金管理办法，指导系统合作发展基金的设立和运作。省、市地、县级供销合作社结合实际制定相应的管理办法，规范本区域内合作发展基金的设立、运作和监督管理工作。

要完善监管制度，综合运用财务、审计、监察等手段加强监督，防范风险，提高基金使用效益。

后　记

2018 年 7 月总社金融服务部成立以后，先后赴湖北、江西、内蒙古、贵州、重庆、广西、浙江、山东等地开展调查研究，对系统金融服务工作情况进行了全面的调查摸底，召开了系统金融服务工作座谈会，掌握了各地开展金融服务的有关数据及主要做法、工作成效、面临的困难和问题。各地普遍反映系统金融人才短缺，经验不足，希望总社提供理论和实践上的指导支持。为促进系统金融服务规范有序发展，我们组织编写了此书。本书共分两篇，第一篇为农村金融基础知识，对农村金融理论、农村金融服务现状、供销合作社发展农村金融的重要意义、东亚地区发展合作金融的主要做法、供销合作社金融服务开展情况及路径选择、金融风险防范作了概述；第二篇为地方探索与实践，主要对各地供销合作社开展金融服务的好做法、好经验进行总结梳理，供各地学习借鉴。附录部分摘录涉及农村金融尤其是合作金融的相关政策文件。

本书第一章由喻琼琳执笔，第二章、第三章由艾永梅执笔，第四章由戎承法、李霖执笔，第五章由董佳春子执笔，第六章由乔小鹏执笔，第七章由解辞执笔，第八章由河北省社、湖北省社撰稿，第九章由山东省社、兴化市社撰稿，第十章由浙江省社撰稿，第十一章由重庆市社撰稿，第十二章由中合联公司撰稿，第十三章由湖北省社撰稿，第十四章由广西区社撰稿，附录由董佳春子收集。本书由闵学冲、吴孔凡、袁启昌统稿，全国人大农业与农村委员会副主任委员李春生审定成稿，并题写序言。

限于编写时间和水平，书中错误和疏漏之处，还请读者朋友们批评海涵。

本书编写组

2019 年 8 月 19 日